ARENA BIBLIOTHEK DES WISSENS

LEBENDIGE GESCHICHTE

Für meinen Freund an den Ufern des Nils
Thomas Schröder-Klementa

Harald Parigger, geboren 1953, arbeitete als Gymnasiallehrer und Seminarleiter und leitet heute ein Gymnasium in der Nähe von München. Seit 1994 schreibt er neben Theaterstücken, Lyrik und Geschichten für Kinder vor allem historische Romane und Krimis für jugendliche und erwachsene Leser. Sein Werk wurde mehrfach ausgezeichnet. Im Arena Verlag erschienen von ihm in der Arena Bibliothek des Wissens *Caesar und die Fäden der Macht* (05979), *Barbara Schwarz und das Feuer der Willkür* (06124), *Sebastian und der Wettlauf mit dem Schwarzen Tod* (05583) und *Fugger und der Duft des Goldes* (05992), außerdem *Der Dieb von Rom* (02901), *Der Galgenstrick* (02972), *Tödliche Äpfel* (02971), *Der Safranmord* (02970) und *Der Totschweiger* (02961).
www.haraldparigger.com

Klaus Puth, geboren 1952 in Frankfurt am Main, arbeitete nach seinem Studium an der Hochschule für Gestaltung in Offenbach zunächst in einem Verlag für Grußkarten. Seit 1989 ist er freiberuflich als Illustrator für verschiedene Verlage tätig und hat mehrere Preise erhalten.
www.klausputh.de

Harald Parigger

Das Zeitalter der Kreuzzüge

Gottfried von Bouillon und die
Schlacht um Jerusalem

Arena

Die Last der Erinnerung

Es war nicht der Schrei der Frau, der sich bis heute tief in mein Gedächtnis eingebrannt hat. Wer hätte noch einem Schrei besondere Beachtung geschenkt im Höllenlärm dieses Gemetzels, beim hallenden Poltern der eisenbeschlagenen Stiefel, dem Scheppern aufeinandertreffender Klingen, dem Triumphgeheul der Sieger und den Klageschreien der Sterbenden.

An diesen Schrei erinnere ich mich nur noch beiläufig, so wie ich noch weiß, dass die Tür der Moschee, die wir mit wuchtigen

Hieben unserer Schwerter und Streitäxte aufgesprengt hatten, ein feines Blüten- und Rankenmuster trug.

Auch von Gestalt und Gesicht der Frau habe ich nur noch eine flüchtige Vorstellung. Sie war schwarzhaarig und von dunkler Hautfarbe, ja, ich sehe noch die bloßen dunkelhäutigen Unterarme vor mir, mit denen sie das Kind an ihren Leib gepresst hielt.

Was mir aber unauslöschlich im Gedächtnis geblieben ist, das sind die Augen des Kindes. Sie sehen mich an, wenn ich nachts aus Albträumen aufschrecke, wenn ich in der Kirche kniend Gott um die Vergebung meiner Sünden bitte, wenn ich versuche, in den Schriften der Väter* Trost und Ablenkung zu finden.

Als wir die Mauern der Stadt überwunden hatten, waren wir rasend vor Blutdurst und vor Zorn über die Ungläubigen hergefallen, hatten jeden erschlagen, dessen wir habhaft wurden, und waren dabei auch an den Tempel gelangt, in dessen Schutz sich eine Anzahl Frauen und Kinder zurückgezogen hatte.

Muss nicht, wer die Schlangen ausrotten will, auch deren Brut vernichten?

Die paar alten Männer, die sich uns in den Weg gestellt hatten, waren schnell niedergemacht. Und dann drangen wir mit erhobenen Waffen auf die jammernden Weiber mit ihren Kindern ein.

Dabei traf ich auf die Frau, die das Kind an sich gepresst hielt. Ich hörte ihren Schrei, dann drang ihr meine Klinge in den Hals und sie verstummte. Wieder hob ich die Waffe. Da sah ich in die Augen des Kindes, große Augen mit dunkel leuchtender Iris,

---

Im hinteren Teil dieses Buches gibt es ein Glossar – dort sind die Erklärungen zu den markierten Begriffen nachzulesen!

die meinen Blick einfingen und festhielten. Für einen kurzen Moment stand die Zeit still. Ich starrte in diese dunkel leuchtenden Augen und las keine Todesfurcht darin, eher eine Frage, die ich nicht verstand.

Dann war der Augenblick vorbei. Tief in mir rief eine Stimme: „Tu es nicht!", aber es war zu spät. Die Klinge fuhr nieder, die Augen wurden glanzlos und trüb.

„Warum, warum, warum?", rief die innere Stimme. „Ist es nicht das gleiche Blut, das auch in deinen Adern fließt?", aber ich hörte nicht auf sie, sondern folgte meinen Kameraden und das Morden ging weiter.

Später, als wir uns, von der Größe unseres Sieges überwältigt, zu einem jubelnden Dankgottesdienst versammelt hatten, sah ich die Augen wieder vor mir. Ich hörte die innere Stimme ihr „Warum?" wiederholen und ich glaubte, das vergossene Blut zu riechen.

Doch ich wehrte mich mit aller Kraft und verschloss meine Sinne. Hatte ich nicht das Höchste und Edelste getan, was ein christlicher Ritter tun konnte? Die heiligen Stätten, an denen Christus gelebt und gelitten hatte, von den ungläubigen Hunden befreit?

Darf die Kirche Krieg führen?

Es hat immer Menschen gegeben, die sich so strikt an das Gebot Jesu Christi hielten, den Nächsten zu lieben, dass sie niemals zu den Waffen griffen, nicht einmal, wenn es galt, ihre eigenes und das Leben ihrer Freunde und Verwandten zu schützen. Der bedeutendste mittelalterliche Missionar, der heilige Bonifatius, war solch ein Mensch. Er verbreitete im Gebiet des heutigen Deutschland das Christentum. Bei einer Missionsreise im Jahr 755, als er von schwer bewaffneten Heiden angegriffen wurde, rief er seinen Leuten zu: „Lasst ab vom Kampf, denn das Zeugnis der Heiligen Schrift lehrt uns, nicht Böses mit Bösem, sondern Böses mit Gutem zu vergelten."

Daraufhin erlitten er und seine Gefährten den Märtyrertod. Was er nicht wusste oder für sich nicht akzeptierte, war, dass andere einflussreiche Männer schon lange vor ihm zu anderen Ergebnissen gekommen waren, was das Kriegführen und das Töten betraf. Der berühmte Kirchenlehrer Augustinus (354–430) zum Beispiel hatte erklärt, dass der Krieg eine unvermeidliche Folge der Erbsünde sei, derentwegen Adam und Eva aus dem Paradies vertrieben wurden. Mit der Vertreibung aus dem Paradies sei auch das Böse in die Welt gekommen. Auch ein Christ dürfe also Krieg führen, wenn er dazu diene, das Böse zu bekämpfen oder ein Unrecht zu beseitigen. Augustinus zog daraus den Schluss, dass Gott den Krieg in bestimmten Fällen sogar fordern würde.

Mit der großen Völkerwanderung kamen die Franken und andere Stämme nach Mitteleuropa (ab dem 5. Jahrhundert). Sie wären nie auf die Idee gekommen, den Krieg als ein Unrecht zu betrachten: Das Ansehen eines Mannes und auch einer Frau richtete sich nach Mut und Kampfeslust, die Stärksten und Rücksichtslosesten wurden zu Anführern gewählt.

Daran änderte sich auch nichts, nachdem diese Stämme nach und nach den christlichen Glauben angenommen hatten. Immer wieder galt es, Feinde abzuwehren oder bei eigenen Eroberungszügen zu unterwerfen.

Da die meisten dieser Kriege gegen Nichtchristen geführt wurden, gegen Araber, Normannen (Wikinger) oder Ungarn, hielt man im Lauf der Zeit all die Kriege für richtig und gerecht, die gegen die „Heiden", also gegen Andersgläubige, geführt wurden.

Die „Heiden", die man am meisten fürchtete, waren die Araber, die Muslime. Sie hatten fast ganz Spanien erobert und drangen sogar bis ins heutige Frankreich vor. Sie zu besiegen, war lange Zeit – von Einzelfällen abgesehen – unmöglich, denn sie waren den Christen in Mitteleuropa nicht nur kulturell weit überlegen, hatten die besten Künstler, Wissenschaftler und Ärzte; sie hatten auch Waffen, die mindestens gleichwertig, wenn nicht besser waren.

Bekehren ließen sie sich schon gar nicht: Wegen der Dreifaltigkeit des Christengottes, d. h. der Einheit von drei „Personen", nämlich Gott dem Vater, Gottes Sohn und dem Heiligen Geist, hielten sie das Christentum für eine Religion mit mehreren Gottheiten und deshalb für primitiv.

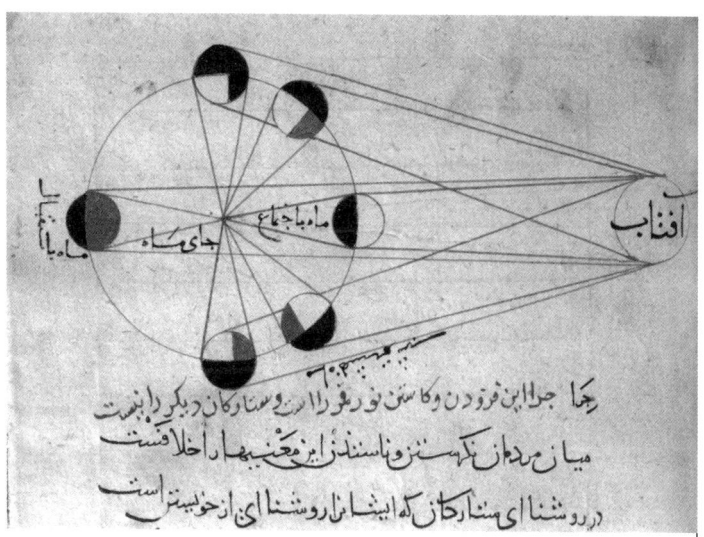

So kam es, vor allem in Spanien, immer wieder zu kriegerischen Auseinandersetzungen zwischen Christen und Muslimen. Im Lauf der Zeit waren die christlichen Kämpfer davon überzeugt, dass der Krieg gegen die „Heiden" nicht nur gerecht, sondern geradezu ein Dienst an Gott wäre, für den man mit himmlischer Belohnung rechnen dürfte.

Astronomische Erkenntnisse über die Mondfinsternis nach dem islamischen Universalgelehrten Al-Biruni

Ein plötzlicher Abschied

Wie fieberte ich dem Tag entgegen, an dem ich endlich ein vollwertiger Kämpfer werden sollte! Danach würde ich einen Herrn finden und ihm beweisen, dass ich stärker, schneller und gewandter war als alle anderen und würdig, in seinen Dienst zu treten.

Gerade sieben Jahre alt war ich gewesen, als mein Vater mich zu einem Verwandten meiner Mutter geschickt hatte, dem Herrn von Chassilon, der ein großes Landgut in der Nähe des Klosters Stablo besaß. Dort hatte ich als Page* Dienst getan, dem Herrn und seiner Dame aufgewartet, reiten und schwimmen gelernt. Auch Lesen und Schreiben hatte man mir dort beigebracht und ein paar Brocken Latein. Dann, acht Jahre später, war ich Knappe meines Herrn geworden, hatte ihn begleitet, wenn er seine Felder inspizierte oder von seinen Bauern die Abgaben einzog, wenn er auf die Jagd oder einen Kriegszug ritt. Ich hatte mich im Schwertkampf, im Bogenschießen und in allen anderen Fertigkeiten geübt, die man von einem tüchtigen Lehnsmann* erwartete.

Und jetzt endlich rückte der Tag heran, an dem ich vor meinem Herrn knien und die Schwertleite* empfangen sollte. Dann wollte ich an einen der großen Höfe ziehen und mir ein Lehen* erbitten, denn mein Vater war noch zu jung; mein Erbe konnte ich noch nicht antreten.

Am Nachmittag vor der feierlichen Zeremonie hatte ich ein paar Stunden geschlafen. Ich wollte mich gerade in die Burgkapelle begeben, um dort, wie es der Brauch verlangte, die Nacht im Gebet zu verbringen, als ein junger Mann mit raschen Schritten den Burghof betrat. Das Pferd, das er am Zügel führte, war schweißbedeckt.

Er blickte sich suchend um und kam dann rasch auf mich zu. Da erkannte ich ihn. Es war einer der Waffenknechte meines Vaters, der, der mich auch abholte und geleitete, wenn ich gelegentlich die Burg meiner Eltern besuchte. Er war kaum älter als ich und eher ein Vertrauter als ein Diener.

„Was gibt's, Acelin? Bringst du mir ein Fass Wein, damit ich das saure Gesöff hier nicht mehr trinken muss?"

Er ging auf meinen scherzhaften Ton nicht ein, sondern sagte nur knapp: „Ihr müsst mit mir kommen, junger Herr. Sofort. Euer Vater ..."

„Was ist mit Vater?"

„Er ist gestürzt ... gestern Morgen ... beim Brunnenbau."

„Um Gottes willen! Ist es schlimm?"

Der Knecht zuckte die Achseln.

„Schlimmer als schlimm, soweit ich es beurteilen kann. Er ist totenblass und spuckt sich die Seele aus dem Leib, jeder

Atemzug tut ihm weh, alles Mögliche hat er sich gebrochen und geprellt ... Und kaum dass er einen klaren Moment hatte, verlangte er, dass ich Euch hole. Also packt schnell zusammen, was Ihr braucht, damit wir nicht noch zu spät kommen ..."

Ich konnte keinen klaren Gedanken fassen. Mein Vater vielleicht auf den Tod verletzt, die Schwertleite in weite Ferne gerückt ... Fast schien es mir, als wollte Gott mich strafen. Aber ich hatte doch nichts getan?

Mein Herr war ausgeritten, so konnte ich seine Erlaubnis für meine Abreise nicht erbitten, sondern ihm nur eine Nachricht hinterlassen. Mein Bündel hatte ich schnell gepackt, mein Pferd hatte der Knecht schon gesattelt – ein paar kurze Abschiedsworte noch und wir gingen zum Tor hinaus.

Während wir unsere Reittiere über den schmalen Zugang zur Burg führten, berichtete mir Acelin kurz, was geschehen war. Mein Vater hatte, weil die Zisterne* in regenarmen Jahren oft nicht genug Wasser lieferte, mit dem Bau eines Brunnens begonnen und einen tiefen Schacht in

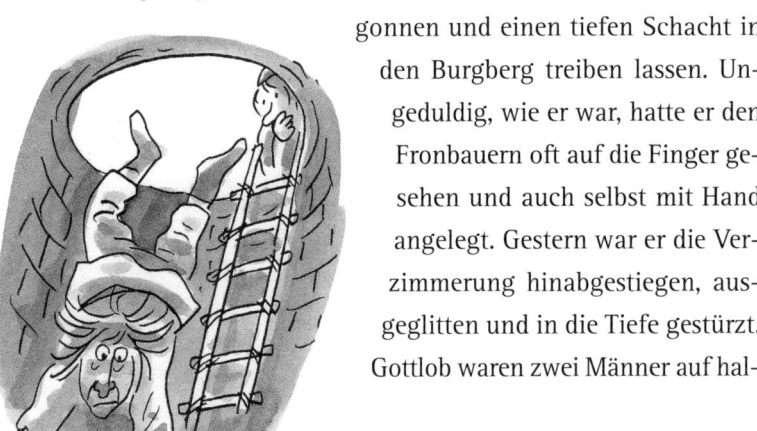

den Burgberg treiben lassen. Ungeduldig, wie er war, hatte er den Fronbauern oft auf die Finger gesehen und auch selbst mit Hand angelegt. Gestern war er die Verzimmerung hinabgestiegen, ausgeglitten und in die Tiefe gestürzt. Gottlob waren zwei Männer auf halber Höhe gewesen und hatten ihn aus dem eiskalten Wasser gezogen.

„Wenn Gott ihm Retter in der Not geschickt hat, dann wird er ihn doch jetzt nicht sterben lassen", meinte ich, um mir selbst Mut zu machen.

„Hoffentlich habt Ihr recht, junger Herr."

Inzwischen war der Weg breit genug; wir schwangen uns in den Sattel und trabten zügig und ohne Pause voran, bis es dämmerte.

Die Nacht verbrachten wir im Schutz eines Ahornwäldchens; sobald der Morgen graute, brachen wir wieder auf. Am Nachmittag erreichten wir Kloster Stablo und zwei Wegstunden später lag Authier, die Burg meiner Väter, vor uns.

Ich hatte noch die mächtige Anlage meines Herrn vor Augen. Dagegen kam mir unser Familiensitz mit seinem dicken, nicht allzu hohen Bergfried, dem engen Mauerkranz und dem Palas*, der kaum zwanzig Schritt lang war, schäbig und klein vor.

Ich zügelte mein Reittier, um mich einen Augenblick lang meinen wehmütigen Gedanken zu überlassen.

Heute hätte ich in der Kapelle von Chassilon knien sollen, mein Herr hätte mir Schwert und Sporen überreicht und ich wäre in die Reihe der Kämpfer aufgenommen worden.

Dann wäre ich frei gewesen, hätte mich aufmachen können zu den Herren in Flandern, in Niederlothringen, vielleicht gar nach Süden, in die Grafschaft Toulouse, oder nach Westen, in die Normandie, überall hätte ich um ein Lehen bitten können.

Stattdessen jetzt das hier. Ich blickte auf die gedrungene Burganlage vor mir. Hier war ein Burgherr ein besserer Bauer, hier wurde die Kunst, einen Pflug gerade zu halten, nicht weniger geschätzt als die, ein Schwert zu führen. Trotzdem – es war mein Zuhause und eines Tages würde ich hier der Herr sein.

Eines fernen Tages hoffentlich! Die Sorge um den Vater ließ mich meinem Pferd die Sporen geben; Acelin war schon vorausgeritten, um meine Ankunft zu melden.

Das letzte Stück bis zum Felspfad, der hinauf zur Burg führte, legte ich im Galopp zurück, dann sprang ich ab und stieg hinauf, bis ich das äußere Burgtor sah. Dort warteten sie schon auf mich – meine Mutter und meine beiden kleinen Schwestern, alle in bodenlangen Gewändern, die Mutter mit der geschnürten Haube auf dem Kopf, die Mädchen mit lang herabfallenden dunklen Locken. Sie winkten mir zu und lachten.

Erleichtert winkte ich zurück. Sie lachten. Also konnte es wohl um meinen Vater doch nicht so schlimm stehen.

Gleich darauf war ich bei ihnen. Mein Pferd übergab ich dem unermüdlichen Acelin, dann ließ ich mich geduldig umarmen, ertrug den freundlichen Spott, mit dem sie sich über mein Äußeres verbreiteten, wie groß und stark und breitschultrig ich doch geworden sei. Dabei waren wir erst vor wenigen Monaten beieinander gewesen.

Bald jedoch hielt ich mir die kichernden Mädchen mit ausgestreckten Armen vom Leib und fragte meine Mutter: „Was ist mit Vater? Ist es so schlimm, wie Acelin mir gesagt hat?"

Ihr Lächeln verschwand, doch sie schüttelte den Kopf. „Gott

hat ihn vor dem Schlimmsten bewahrt. Wir dachten zuerst, dass er durch den Sturz den Verstand verloren hätte oder dass ein böser Geist in ihn eingedrungen sei. Denn er erkannte uns nicht, wusste nicht einmal, wer er war, und redete wirre Sätze. Inzwischen ist er zwar wieder ganz bei sich, aber ... Er wird lang liegen bleiben müssen und so gehen und zupacken wie früher kann er vielleicht nie mehr."

Das Lächeln kehrte zurück. „Wenn man bedenkt, wie tief er gestürzt ist, hat Gott ihn glimpflich davonkommen lassen. Komm, wasch dir den Staub ab und trink einen Schluck, dann gehen wir zu ihm!"

Während ich in der Küche hastig einen Becher Wein leerte, dachte ich bestürzt darüber nach, wie ich meinen Vater wohl vorfinden würde. Noch glimpflich war er davongekommen? Was bedeutete das?

„Wo liegt er?", fragte ich. Meine Mutter deutete nach oben. „Im Zimmer über der Küche, da ist es am wärmsten."

Schnell lief ich den anderen voraus die Stiege empor und stieß die knarrende Tür auf. „Vater!"

Gottlob, so sah kein Todkranker aus. Sein Gesicht war hagerer und faltiger, als ich es in Erinnerung hatte, aber es trug den vertrauten energischen Ausdruck, als er zur Begrüßung nickte und die linke Hand hob.

„Ich kann dich leider nicht aufrecht begrüßen, mein Sohn."

Er ruhte auf einem breiten, mit Decken und Fellen dick gepolsterten Lager. Sein linkes Bein steckte in einer Art Weidenkorb,

der durch Längsstäbe verstärkt und eng mit Lederstreifen umwickelt war. Der rechte Arm war auf einem Gestell festgebunden, das unter seine Achsel geschoben war und die Schulter nach oben drückte.

„Bei der Barmherzigkeit Christi, was haben sie mit Euch gemacht, Vater!"

Mühsam deutete er mit der Linken auf den Mann, der am Fußende des Bettes hockte und mit ernster Miene unverständliche Sätze vor sich hin murmelte. „Er, er hat mich so festgeschnallt, dass ich nicht einmal pinkeln kann ohne fremde Hilfe."

Der Mann war Hugo, einer der Hirten meines Vaters. Kein anderer verstand so viel von der Behandlung einer Wunde und niemand beherrschte so viele magische Zeichen und Sprüche wie er. Meine Mutter behauptete, seine Sprüche seien verbotener heidnischer Zauber. Doch sie hatten immer wieder geholfen, das ließ sich nicht bestreiten.

Er sah auf, ohne auch nur die Andeutung eines Lächelns zu zeigen. „Besser ist es, einen Monat hilflos zu sein, als ein ganzes Leben lang ein Krüppel. Das Bein ist gebrochen und die Schulter ist ausgerenkt. Man darf sie für lange Zeit nicht bewegen, sonst heilen die Wunden nicht. Und man muss sie besprechen, Stunde um Stunde."

Wieder begann er, vor sich hin zu murmeln und dabei einen Strauß stark riechender Kräuter zu schwenken.

Ich hockte mich neben dem Bett nieder und fasste besorgt nach der gesunden Hand meines Vaters. „Wie geht es Euch? Habt Ihr noch Schmerzen?"

„Ach, die Schmerzen haben schon nachgelassen, aber es wird noch viele Wochen dauern, sagt Hugo, bis ich Arm und Bein wieder einigermaßen bewegen kann."

Er kam ohne Umschweife zur Sache. „Deshalb habe ich dich auch kommen lassen, mein Sohn. Mein Herr Gottfried ist von Papst Urban zu einer Synode* nach Clermont geladen worden. Er hat Befehl gegeben, dass alle Lehnsleute ihn begleiten sollen. Keiner darf fernbleiben, hat es geheißen, er braucht uns alle. Es muss also um etwas wirklich Wichtiges gehen ..."

Für einen Augenblick schien er mich zu vergessen und starrte nachdenklich vor sich hin. „Warum ruft der Papst so viele

Herren und Ritter zusammen? Will er einen Kriegszug gegen den Kaiser beginnen?"

Unruhig rutschte er hin und her, machte dabei eine falsche Bewegung und stöhnte laut vor Schmerz. „Verdammt, und ich liege hier, lahm und hilflos wie ein Greis auf dem Totenbett! Hugo, verflucht, warum dauert das alles so lange?"

„Eure Verletzungen sind schwer", sagte der Alte düster, „und die Geister, die euch bedrängen, sind mächtig."

Mein Vater ließ sich ergeben zurück auf die Polster sinken und stöhnte.

Plötzlich wandte er sich mir zu. „Du musst an meiner Stelle reiten."

„Wie?" Ich begriff nicht.

„Du wirst zu Herrn Gottfried reiten, Junge, an meiner Stelle. Und ebenso wirst du ihn an meiner Stelle nach Clermont begleiten."

Mein Herz tat einen Sprung. Hatte ich wirklich richtig gehört?

„Aber Vater, ich habe nicht ... ich kann doch ... ich bin noch nicht ..."

Mein Vater musste trotz seiner Schmerzen lachen. „Trotz allem, was du nicht hast, kannst oder bist, hast du doch einen kräftigen Körper, kannst mit einem Schwert umgehen und dich in einen Sattel zu schwingen. Das alles hast du mir voraus."

„Aber ... die Schwertleite ... ich musste aufbrechen, bevor ...“
Wieder lächelte mein Vater. „Ich gebe dir einen Brief mit, in dem ich Herzog Gottfried mitteile, warum du mich vertreten musst. Er wird wissen, was in deinem Fall zu tun ist.“
Möge Gott es mir verziehen haben – das Mitleid mit meinem armen Vater verschwand hinter einer Woge überschäumender Freude. Ich würde Herrn Gottfried von Bouillon folgen dürfen, dem mächtigsten Herrn weit und breit, von dessen Kraft und Mut man sich wahre Wunderdinge erzählte. Und ich würde zu ihm gehören!
„Wenn Ihr wollt, breche ich sofort auf“, sagte ich.
Ich sah meinem Vater an, dass ihm mein Eifer gefiel, aber bevor er etwas sagen konnte, mischte sich meine Mutter ein.
„Rede keine Dummheiten“, sagte sie streng. „Du bist lange unterwegs, also musst du mit allem Nötigen versehen sein. Proviant, Kleidung zum Wechseln. Wir müssen das Zelt deines Vaters überprüfen, Decken und Kissen für die Nacht zusammenpacken. Was ist mit deiner Ausrüstung? Ist das Sattelzeug in gutem Zustand? Sind die Waffen in Ordnung, mit denen du dich vielleicht verteidigen musst? Welches Pferd willst du nehmen? Wer soll dich begleiten? Drei Tage sage ich, drei Tage und keine Stunde weniger.“
Vater nickte. „Sie hat recht. Wer schlecht gerüstet aufbricht, kommt vielleicht elend oder gar nicht an. Auch will ich, dass mein Sohn Ehre einlegt, wenn er schon meinem Lehnsherrn* an meiner Stelle gegenübertritt.“

Notgedrungen fügte ich mich, obwohl ich meine Ungeduld kaum zügeln konnte; bis zum Aufbruch schien sich mir jeder Augenblick zur Stunde zu dehnen. Ich war bereit, Gott mit dem Schwert zu dienen und mir als tapferer Kämpfer einen Namen zu machen. Warum noch warten?

Dann – endlich! – war der Morgen der Abreise gekommen. An der Pferdetränke im äußeren Burghof hatte sich die ganze Familie versammelt, mein Vater hatte sich auf einer Bahre heraustragen lassen.

Als ich dastand, im ersten Morgenlicht, mit Schwert und Schuppenpanzer*, meinen Falben am Zügel, schlug mein Herz rascher vor Glück und ich fühlte mich wie ein kampferprobter Ritter. Mein Gefolge war vielleicht nicht sonderlich eindrucksvoll, ein Reiter, zwei Mann zu Fuß und ein Packpferd. Aber ich war es, der den Weg bestimmte, ich war es, der die Befehle gab, ich war es, der von seinem Lehnsherrn gerufen wurde. Von alldem hätte ich vor ein paar Tagen noch nicht zu träumen gewagt.

Meine Mutter und meine Schwestern hatten mich zum Abschied umarmt und ich wartete ungeduldig, dass mein Vater das Wort an mich richten und mich entlassen würde. Stattdessen brüllte er nach einem der Knechte.

Gleich darauf eilte der Mann über den Hof. Er trug etwas über dem Arm, das von einem Tuch verhüllt war.

„Ein kleines Geschenk, Bertrand", sagte mein Vater und lächelte breit. „Eigentlich hätte ich es dir in Chassilon anlässlich deiner Schwertleite überreichen wollen."

Ein Wink und der Knecht zog mit großer Geste das Tuch herab. Ich konnte und wollte einen Freudenschrei nicht unterdrücken. Was der Mann nun mit ausgestreckten Armen vor sich hinhielt, war ein Kettenhemd, geschmiedet aus unzähligen stählernen Ringen. Beim Herrn von Chassilon hatte ich schon einmal eins gesehen, aber niemals davon zu träumen gewagt, selbst eines zu besitzen. Viele, viele Stunden waren nötig, um es zu fertigen, und nur ein Meister seines Fachs brachte es überhaupt fertig.

„Schnell, hilf mir!", forderte ich Acelin auf. Der begriff sofort und schnürte mir den Schuppenpanzer auf. Ich stieg heraus und zog stattdessen das Kettenhemd über, das mir bis an die Knie reichte. Es war leicht und schmiegte sich dem Körper wunderbar an – kein Dolch würde es durchdringen können und auch so manchem Schwerthieb würde es widerstehen. „Danke, Vater!" Ich verneigte mich tief vor ihm, er hob, immer noch ein wenig mühsam, die gesunde Hand und legte sie mir auf den Kopf.

Ich befahl Acelin, den Schuppenpanzer auf einem der Packpferde festzuschnallen, dann, nach einem letzten Gruß, zogen wir zum Burgtor hinaus.

„Möge Maria, die Gnadenreiche, euch beschützen", rief meine Mutter uns nach. Ich habe es noch heute im Ohr und ich weiß auch noch, dass ich damals lächelte, weil ich glaubte, keinen Schutz zu benötigen. Heute weiß ich es besser. Wir Menschen brauchen den Schutz Gottes und seiner Heiligen nicht nur vor dem, was wir erleiden, sondern auch vor dem, was wir tun könnten.

Was ist eigentlich ein Ritter?

Im Gebiet des heutigen Frankreich und Deutschland waren während des frühen Mittelalters alle freien Bauern verpflichtet, Kriegsdienst zu leisten, wenn Gefahr drohte. Sie kämpften zu Fuß und mussten für ihre Ausrüstung selbst sorgen.

Gegen die Reiterheere der muslimischen Kalifen aber, die im 8. Jahrhundert Westeuropa bedrohten, hatten Fußtruppen keine Chance. So entstand ein neue Art von Kämpfer: der gepanzerte Reiter, der Ritter.

Wer auf diese Weise kämpfte, musste sich geeignete Pferde, Waffen und Rüstungen beschaffen und regelmäßig trai-

Darstellung berittener Kämpfer auf dem Teppich von Bayeux; spätes 11. Jahrhundert

nieren. Das war für einen Bauern unmöglich. Die meisten Bauern waren außerdem von adligen Familien abhängig und mussten überhaupt keinen Kriegsdienst mehr leisten. Die hohen Adligen bildeten daher immer mehr eigene Dienstleute zu Rittern aus. Sie bezahlten sie nicht mit Geld (denn damals gab es kaum Geldwirtschaft), sondern mit Land und Leuten.

Wer als Ritter Dienst leistete, dem wurde von seinem Herrn ein bestimmtes Gebiet übertragen, auf dem es neben Wald und Fischwässern auch Ackerflächen und eine Anzahl von Dörfern gab. Dieses Gebiet mitsamt den Menschen, die darin wohnten, konnte der Ritter für seine Zwecke nutzen. Den Bauern lieh er so viel Ackerfläche, wie sie brauchten, um ihre Familien zu ernähren. Einen Teil der Ernte mussten sie als Gegenleistung an ihn abgeben. Er selbst nutzte den Wald zur Jagd und die Gewässer zum Fischen und behielt auch einen Teil der Ackerflächen für sich. Bei allen anfallenden Arbeiten mussten ihm seine Bauern und ihre Familien Frondienst* leisten: pflügen, säen, ernten, Wege, Zäune, Ställe und Häuser instand halten, Haus- und Gartenarbeiten erledigen.

Ab dem Beginn des 11. Jahrhunderts ließen sich viele Ritter von ihren Bauern mächtige Burganlagen errichten, zum Schutz vor Feinden, vor allem aber, um ihre besondere Stellung zu betonen. Natürlich waren sie nicht mit Grafen, Herzögen oder Bischöfen zu vergleichen, die riesige Herrschaftsgebiete vom König übertragen bekamen. Aber immerhin waren sie innerhalb ihrer Ländereien unumschränkte Herren und bildeten die unterste Stufe des Adels.

In Friedenszeiten war ein Ritter also eine Art Gutsbesitzer, der von der Landwirtschaft lebte und ansonsten seine Pferde und Waffen in Ordnung und sich selbst fit hielt.

In Kriegszeiten musste er für seinen Herrn kämpfen – ihn vor Feinden verteidigen oder ihn auf einem Eroberungszug begleiten.

Weil der Kriegsdienst, der Kampf für eine „gute" Sache, auch als Dienst für Gott verstanden wurde, bildeten sich im Lauf der Zeit

Verhaltensnormen für die Ritter heraus: Sie sollten aufrichtig, mutig, großzügig, gerecht, maßvoll und fromm sein und sich – vor allem gegenüber Frauen – tadellos benehmen. „Ritterliches" Verhalten wurde von allen Angehörigen des Adels bis hinauf zum König verlangt. Aber die Realität sah oft anders aus.

Bischöfe waren nicht nur geistliche, sondern auch weltliche Herrscher. Deshalb konnten sie – wie hier der Erzbischof von Köln – auch selbst ein Schwert führen.

25

Endlich ein richtiger Kämpfer

Bald hatten wir Burg und Dorf hinter uns gelassen und durchquerten das großflächige Waldgebiet, das zu einem kleinen Teil uns, in der Hauptsache aber dem Kloster Stablo gehörte.

Ich ritt vorneweg, gefolgt von Acelin, der das Packpferd am Zügel führte. An den Seiten marschierten unsere Knechte, den Speer stoßbereit in beiden Fäusten.

Obwohl unsere Reise nur wenige Tage dauern würde, war sie doch nicht ganz ungefährlich. Mein Vater lag zwar mit keinem unserer Nachbarn in Fehde*, aber meine Mutter hatte darauf geachtet, dass unsere Reise zum größten Teil auf die Friedetage* fiel.

Aber die Zeiten waren unruhig und die Banden von Gesetzlosen, die in den dichten Wäldern der Ardennen hausten, hielten sich nicht an den Gottesfrieden. Sie überfielen jeden, dem sie sich gewachsen glaubten, um ihn auszuplündern. Wer ihnen in die Hände fiel, konnte von Glück sagen, wenn er lebendig davonkam.

Halb hoffte ich auf eine solche Begegnung, hätte ich dabei doch Mut und Kraft eines Ritters zeigen können, schon vor meiner Schwertleite.

Doch außer harmlosen Bauern und Händlern begegnete uns niemand, auch in der Nacht, in der wir abwechselnd wachten, blieben wir ungestört.

Am zweiten und dritten Tag war es nicht anders; die Muttergottes schien das Gebet meiner Mutter erhört zu haben.

Am Mittag des vierten Tages erblickten wir in der Ferne einen bewaldeten Gebirgszug. Davor, auf einem breit vorspringenden Felsmassiv, lag eine Burg, so mächtig und groß, wie ich noch nie eine gesehen hatte. Die gewaltigen Mauern umspannten den ganzen Felsen, schienen aus ihm herauszuwachsen; kaum mochte man glauben, dass Menschenhand sie errichtet hatten: die Burg von Bouillon.

Das Dorf am Fuß des Felsens, das sich in die Biegung eines Flüsschens schmiegte, wirkte klein und kümmerlich vor der gewaltigen Anlage.

Unwillkürlich hatten wir angehalten und betrachteten staunend das Ziel unserer Reise. Jetzt, da der Augenblick gekommen war, den ich herbeigesehnt hatte, jetzt, da ich meinem Lehnsherrn gegenübertreten sollte, wollte mich der Mut verlassen. Wie würde Herr Gottfried mich empfangen, mich, der eigentlich noch ein Knappe war? Würde er mir herablassend zunicken und mich dann fragen, wie, um Gottes willen, ich dazu käme, mich zu den Männern zählen zu wollen? Würde er mich vielleicht gar auslachen und wieder nach Hause schicken?

„Ihr vertretet Euren Vater, junger Herr. Vergesst das nicht!" Acelins Stimme unterbrach meine Gedanken. Ich nickte ihm zu; er musste erraten haben, was mich bewegte. „Also weiter!"

Gemächlich bewegten wir uns auf den Ort zu, grüßten die Bauern, die zu beiden Seiten der Straße auf den Feldern arbeiteten, und ließen uns von ihnen den Weg zeigen. Auf einer hölzernen Brücke überquerten wir den Fluss und bogen dann auf einem breiten, gepflasterten Pfad ein, der steil ansteigend hinauf zum äußeren Tor führte.

Gerade wollten Acelin und ich uns von unseren Pferden schwingen, um den Rest des Wegs zu Fuß zu gehen, als oben am Tor ein heller Schrei ertönte.

Gleich darauf preschte ein Pferd in wildem Galopp den steilen Weg hinunter. Auf seinem Hals hockte ein kleiner Junge, klammerte sich verzweifelt an der Mähne fest und brüllte vor Angst.

Kein Zweifel, der Kleine war in großer Gefahr. Seine Beine waren viel zu kurz, um ihm Halt zu geben, jeden Moment konnte er herabgeschleudert werden.

Acelin und ich gaben unseren Tieren die Sporen und sprengten den Pfad hinauf, auf das durchgegangene Tier zu, das, als es

unvermutet Artge-
nossen erblickte,
seine Geschwin-
digkeit drosselte.

Als ich auf gleicher
Höhe mit ihm war,
griff ich hinüber und
zog den Kleinen zu mir in
den Sattel, während Acelin einen der schleifenden Zügel packte und das Tier beruhigte.

Der Knirps, obwohl gerade noch außer sich vor Angst, zappel-
te in meinen Armen und fauchte mich an: „He, was fällt dir ein,
warum lässt du mich nicht reiten?"

„Du bist gut! Das war doch kein Reiten! Du hättest dir leicht
den Hals brechen können!"

„Stimmt gar nicht", gab er zurück, aber nur, um das letzte Wort
zu behalten, denn er fügte ein gemurmeltes „Hab ganz schön
Angst gehabt" hinzu.

„Warum ist dieser friedliche Gaul eigentlich durchgegangen?",
erkundigte sich Acelin, der dem immer noch aufgeregt schnau-
benden Pferd besänftigend die Nüstern streichelte.

„Ich ... ich weiß nicht", stotterte der Kleine. Aber wir bemerkten, wie er verstohlen das rechte Bein unter das linke schob.

Acelin hob ihm den Fuß an und wir sahen, dass er sich eine
Astgabel um den Knöchel gebunden hatte, deren langes Ende
nadelspitz war.

„Die lahme Mähre wollte immer nur im Schritt gehen, da hab ich ihr ein bisschen Beine gemacht", rechtfertigte sich der Junge kleinlaut. „Ihr müsst es ja niemandem sagen."

Acelin und ich grinsten uns an. Wir hatten beide ähnliche Dummheiten gemacht – es war noch gar nicht so lange her.

Wir stiegen von den Pferden, das Tier des Kleinen nahm einer unserer Diener, er selbst durfte in meinem Sattel sitzen. Als wir uns an den Aufstieg machten, erschien eine junge Frau am Tor, winkte heftig und lief uns dann so schnell entgegen, dass ihre langen Haare flatterten. Als sie uns erreicht hatte, blieb sie keuchend stehen.

„Ist ihm ... ist er gefallen?", stieß sie hervor. „Ich versteh das nicht! Der sanfteste Wallach* aus dem ganzen Stall! Noch nie durchgegangen! Durch nichts aus der Ruhe zu bringen! Was hast du nur wieder angestellt?" Mit einer Mischung aus Zorn und Besorgnis funkelte sie den Jungen an.

„Beruhigt Euch, Fräulein! Es ist ja nichts passiert." Schnell machte ich einen Schritt zur Seite und stellte mich so vor den Sattel, dass sie den hölzernen Sporn nicht sehen konnte. „Wahrscheinlich hat eine Wespe oder eine Hornisse das Pferd scheu gemacht."

„Danke", flüsterte der Kleine und krähte dann laut: „Der hier hat mich gerettet, sonst wäre ich runtergeschleudert worden und das Pferd hätte mich totgetreten!"

„Um Gottes willen!", stieß das Mädchen immer noch atemlos hervor. „Du weißt genau, dass du ohne mich nicht reiten sollst!

Entschuldigt, meine Herren! Ich hätte auf den Burschen aufpassen sollen, aber eher kann man einen Schwarm Elstern hüten als ihn! Es wird höchste Zeit, dass er an einen anderen Hof kommt."

„Ja, an einen anderen Hof!", tönte es vom Pferderücken. „Wo es keine Ziegen gibt!"

Sie machte mit drohender Miene einen Schritt auf den Kleinen zu; da verbarg er sich hinter meinem Rücken, rutschte dann vom Pferd und rannte zurück in die Burg.

Acelin und ich mussten lachen und auch unsere Begleiter grinsten breit.

„Wenn Ihr die ältere Schwester dieses Treibaufs wärt, würdet Ihr nicht mehr lachen", sagte die junge Frau und strich sich die Locken aus der Stirn. „Es ist wirklich lebensgefährlich, bei vollem Galopp aus dem Sattel geschleudert zu werden. Ich weiß nicht, wie ich Euch danken soll. Ohne Euer Eingreifen ..."

Es gefiel mir zwar sehr, als der gesehen zu werden, der ich gern gewesen wäre, ein tapferer Ritter, der keine Gefahr scheute. Aber dennoch wollte ich kein Lob ernten, das ich nicht verdient hatte.

„Es gehörte nicht viel Mut dazu, Fräulein. Ich habe den Kleinen bloß aus dem Sattel geholt, während mein Gefährte das Tier angehalten hat."

„Ob es ganz so einfach war … ich danke Euch jedenfalls von Herzen."

Bisher hatte die Situation unser Gespräch gelenkt, aber nun fehlten mir die rechten Worte. Mein Umgang mit jungen Damen hatte sich mehr oder weniger auf meine Schwestern beschränkt – und war sie überhaupt eine Dame oder bloß ein Bauernkind oder eine Magd?

Sie war ziemlich groß, kräftig, aber schlank gebaut und trug ein gegürtetes Leinenhemd und einfache Schnallenschuhe – keinen Schmuck, weder Ring noch Kette noch Fibel*. Dass sie hübsch war, sehr hübsch sogar, sagte auch über ihren Stand nichts aus. Ihre langen blonden Haare, zu einem lockeren Zopf geflochten, waren unbedeckt, aus ihrem ovalen, regelmäßigen Gesicht blickten mich zwei ernste graue Augen an …

Plötzlich verloren sie ihren ernsten Ausdruck und lächelten mich mit freundlichem Spott an. „Mein Bruder hat mich vorhin schon mit einer Ziege verglichen und Ihr schaut mich an wie ein Bauer auf dem Markt, der eine Kuh kaufen will – was habe ich bloß an mir?"

Ich wandte schleunigst meinen Blick ab und merkte, wie mir das Blut in den Kopf stieg; meine Wangen brannten. „Verzeiht mir, ich … es …" Vor Scham verschlug es mir die Sprache. Schon die erste kleine Bewährungsprobe hatte ich nicht bestanden! Ich merkte, wie sie mich mit leiser Belustigung beobachtete, und riss mich zusammen.

„Ich bin Bertrand, Sohn und Erbe des Herrn Ludwig von Authier. Ich bin mit …", einen Augenblick suchte ich nach der richtigen Bezeichnung für Acelin, denn als meinen Knappen konnte ich ihn ja schlecht bezeichnen, war ich doch selbst noch einer – „… mit meinem Gefährten Acelin gekommen, um dem Herrn von Bouillon meine Aufwartung zu machen."

Wieder lächelte sie, diesmal ohne Spott und mit aufrichtiger Herzlichkeit. „Ihr seid besonders willkommen, meine Herren – denn Eure Ankunft hat vielleicht ein großes Unglück verhütet. Mein Name ist Marguerite. Kommt mit, ich werde Euch gleich zu meinem Onkel bringen."

Bei allen Heiligen, keine Magd, die Nichte des Herrn, und ich hatte mich wie der letzte Hufenbauer* benommen!

Sie ging voraus und wir folgten ihr. Ich hütete mich, den Mund noch einmal aufzumachen, um nicht abermals eine Ungehörigkeit zu begehen.

Wir überquerten eine steinerne Brücke, die sich in mächtigem Bogen über einem Graben spannte, gingen durch ein schwer befestigtes Tor, über eine Zugbrücke und gelangten in den äußeren Burghof.

Dutzende von Pferden standen dort an der Tränke, manche von ihnen noch hoch bepackt. Eine Schar von Knechten kümmerte sich um sie, löste Sattelgurte, brachte Futter, rieb schweißnasse Flanken trocken. Mägde liefen umher mit großen Bierkrügen, Brotlaiben, Speck, Käse, Zwiebeln und Schüsseln mit Grütze.

Die junge Frau wandte sich an einen Mann. „Balduin, versorg die Tiere unserer neuen Gäste und lass den beiden Knechten zu essen und zu trinken geben!"

Sie winkte Acelin und mir zu. „Ihr braucht Euch um nichts zu kümmern!"

Ich fand, dass es jetzt an der Zeit wäre, meine Tölpelhaftigkeit wiedergutzumachen, bedankte mich höflich und erkundigte mich dann: „Sind wohl die meisten Lehnsleute Eures Onkels schon eingetroffen?"

„Es fehlen nur noch wenige und die werden irgendwo ihre Zelte aufschlagen müssen oder mit den Knechten bei ihren Pferden schlafen. Denn die letzte Kammer bekommt Ihr."

Ich wollte widersprechen, denn unter all den Herren war ich doch der geringste, aber sie ließ es nicht zu. „Ich werde den Rettern meines Bruders doch kein weiches Bett vorenthalten!"

Sie führte uns über den inneren Hof in einen kleinen Raum neben der Küche, in dem sich ein Tisch und zwei bequeme Stühle befanden. „Ich lass Euch jetzt für eine Weile allein, bis Ihr Euch von den Anstrengungen der Reise erholt habt. Mein Onkel wird Euch dann gern erwarten."

Ich musste ihr wohl auffällig hinterhergestarrt haben, denn Acelin bedachte mich mit einem spöttischen Grinsen. „Sie gefällt dir wohl?"

Ja, sie gefiel mir, mehr noch, sie weckte in mir eine Empfindung, die ich noch nie gehabt hatte. Eine Art süßen Schmerz, falls es etwas so Widersprüchliches geben konnte.

Aber wenn ich auch von den Frauen wenig wusste, so wusste ich doch, dass es niemals eine Verbindung geben konnte zwischen dem Sohn eines Ritters, dem ein paar armselige Bauerndörfer zur Fronarbeit verpflichtet waren, und der Nichte eines Hochfreien*, dem nicht nur die reiche Herrschaft Bouillon gehörte, sondern den der Kaiser zum Herzog von Niederlothringen ernannt hatte.

Ich blieb Acelin die Antwort schuldig, denn zwei Mägde betraten den Raum, die frisches Wasser und reine Tücher brachten und, während wir uns den Staub von Händen und Gesicht wuschen, den Tisch deckten.

Es gab zartes, saftiges Hähnchenfleisch, weißes Brot, eingelegte Früchte und Wein; wir ließen nichts übrig.

Als wir in Ruhe gegessen und getrunken hatten, öffnete sich die Tür; leider war es nicht unsere Gastgeberin, sondern nur irgendein Diener.

„Seid Ihr fertig mit Eurer Mahlzeit? Herr Gottfried erwartet Euch jetzt."

Höflich geleitete er uns über den Hof zum Palas und öffnete einen der hohen Türflügel.

Mit pochendem Herzen überschritt ich die Schwelle, um Gottfried von Bouillon gegenüberzutreten.

Er saß mit einer Reihe von Männern an einer langen Tafel, von denen er weder durch Kleidung noch durch einen erhöhten Sitz unterschieden war. Dennoch wusste ich sofort, nur er konnte der Lehnsherr meines Vaters sein.

Das lag nicht nur an seiner Größe, an seiner Breitschultrigkeit und seinen langen blonden Haaren, von denen mir mein Vater erzählt hatte. Es war seine Haltung, die ihn hervorhob. Er strahlte eine vertrauenerweckende Kraft und Zuversicht aus.

Ich bedeutete also Acelin, hinter mir zu bleiben, trat vor Gottfried hin, verbeugte mich tief und wartete, bis er mir aufmunternd zunickte.

„Ich bin Bertrand von Authier und bringe Euch die Grüße meines Vaters Ludwig."

„Ah, der junge Mann, der meinen Neffen gerettet hat!"

„Eure Nichte hat übertrieben, Herr, und wenn ihn jemand gerettet hat, war es Acelin, mein ... Gefährte, der das durchgegangene Pferd aufgehalten hat."

Gottfried drehte sich auf seinem Stuhl herum, sodass er mich ansehen konnte. Obwohl er seiner Nichte erkennbar ähnlich war, mit der gleichen schmalen Nase und den gleichen ernsten grauen Augen, hatte er doch ein kantiges, eigentlich strenges Gesicht. Er musterte mich und nickte dann versonnen. Ein winziges, kaum sichtbares Lächeln erschien in seinen Mundwinkeln, das nur für mich bestimmt war und mir ein geheimes Einvernehmen zwischen uns zu signalisieren schien.

„Seid herzlich willkommen, Bertrand, und auch Ihr, Acelin! Wie kommt es, dass Ludwig meinem Ruf nicht selbst Folge leistet?"
Ich erzählte ihm vom Unfall meines Vaters, bestellte seine Grüße und bat dann: „Nehmt mich an seiner Stelle als Gefolgsmann, ich will Euch gern nach Clermont begleiten, Herr!"
„So jung und schon ein vollwertiger Kämpfer?"
Ich zögerte.
„Nicht ganz, Herr. Einen Tag, nachdem mich die Botschaft meines Vaters erreichte, hätte ich mit dem Schwert gegürtet werden sollen."
Ich nahm meinen ganzen Mut zusammen. „Es liegt also am Gehorsam meines Vaters Euch gegenüber, dass ich noch kein Ritter bin."
Wieder sah ich dieses kleine, versteckte Lächeln in seinen Mundwinkeln. „Die Schwertleite allein macht aber noch keinen Kämpfer!"
„Die Weihe macht auch noch keinen guten Priester, trotzdem darf einer ohne Weihe die Sakramente nicht spenden, Herr."
Gottfried runzelte die Stirn und ich legte erschrocken eine Hand auf den Mund. Jetzt war ich doch zu vorlaut gewesen!
„Du forderst also von mir, dass ich dich zum Ritter mache?"
„Nein, Herr, wie könnte ich von Euch etwas fordern! Ich bitte Euch nur darum!"
Die Männer, die am Tisch saßen, nickten beifällig; die Antwort war also nicht ganz schlecht gewesen. Aber was würde Gottfried selbst dazu sagen?

Das Lächeln in den Mundwinkeln erschien erneut und wurde breiter.

„Ihr sollt Euren Willen haben, Bertrand von Authier! Ihr habt den Tag und die Nacht über Zeit, Euch vorzubereiten. Morgen nach Sonnenaufgang werde ich Euch mit dem Schwert gürten!" Er blinzelte mir zu. „Ein schönes Kettenhemd habt Ihr ja schon!"

Damit waren wir entlassen und Gottfried wandte sich wieder seinen Beratern zu.

Aus allen Himmelsrichtungen kamen inzwischen die Lehnsmänner, die dem Ruf ihres Herrn gefolgt waren: Nach und nach füllte sich der Burghof mit Neuankömmlingen. Männerstimmen grölten, Pferde wieherten, Knechte und Mägde reichten Tücher und Schüsseln mit Wasser herum und brachten jedem einen Willkommenstrunk. Der Geruch von Leder, Schweiß und rauchenden Rossäpfeln hing in der Luft.

Es war mild und trocken, niemand benötigte ein schützendes Dach. Bald lagerten daher alle Ritter mit ihren Leuten in den beiden Burghöfen, machten es sich mit Sätteln, Decken und Bündeln so bequem wie möglich und ließen sich ihre Becher wieder füllen.

Am Nachmittag hieß es dann überall, die Männer sollten zusammenkommen, der Herzog wolle zu ihnen sprechen.

Erwartungsvoll drängten sich wenig später Ritter und Knappen auf den Pflastersteinen des inneren Hofes zusammen. Das

Gemurmel verstummte, als das Tor des Palas sich öffnete und der Herzog, von einigen seiner Berater begleitet, heraustrat.

Er winkte und ein Knecht beeilte sich, ihm ein Pferd zuzuführen, einen großen, starkknochigen Schimmel, den er mit lässigem Schwung bestieg. Im Nu trat völlige Stille ein, während er mit einer Hand die Zügel ergriff und zu sprechen begann: „Ich begrüße Euch an meinem Hof, meine Herren! Gern hätte ich Euch für längere Zeit willkommen geheißen, hätte mit einem großen Fest den Auftakt zu ausgiebigen Beratungen, zum Wettbewerb der Sänger und zu ritterlichem Spiel gegeben. Aber es ist kein Hoftag*, zu dem ich Euch geladen habe. Vielmehr habe ich Euch zu mir gebeten, weil ich selbst gerufen worden bin. Der Herr Papst Urban hat mich und viele andere nach Clermont zu einem Konzil ge-

laden, mit dem Auftrag, nicht allein, sondern mit möglichst großem Gefolge von Getreuen zu kommen. So, als ob es darum ginge, ihn gegen äußere Feinde zu verteidigen."

Er bemerkte die Unruhe unter den Männern und hob die Hand.

„Hört mir zu, meine Herren! Ihr vermutet vielleicht, es gehe um den Streit zwischen dem Herrn Kaiser und dem Herrn Papst, in den Urban uns hineinziehen, uns womöglich zwingen will, Partei für ihn zu ergreifen. Doch sein Gesandter hat mir versichert, dass der Papst nichts dergleichen beabsichtigt. Etwas ungleich Wichtigeres sei es, wofür er uns gewinnen wolle.

Worum auch immer er mich bitten will, meine Herren: Ich bin zwar ein treuer Diener unseres Herrn Kaisers Heinrich. Aber wenn ich den Wunsch des Herrn Papstes in den Wind schlüge, dann wäre das so, als ob ich den Willen Gottes missachtete. Ich werde also in drei Tagen nach Clermont reisen und bitte Euch, mir die Gefolgschaft, die Ihr mir einst geschworen habt, nicht zu verweigern. Bis dahin aber seid meine Gäste!"

Lauter Beifall brach aus und ich glaube nicht, dass jemand auch nur daran dachte, sich seinem Wunsch zu verweigern.

Gottfried stieg vom Pferd und mischte sich unter seine Lehensleute, um jeden zu begrüßen. Knechte und Mägde errichteten unterdessen im Hof eine Anzahl Feuerstellen und bald schon brieten Spanferkel und Lämmer über der Glut, in großen Kesseln brodelte und dampfte es.

Ich hätte mich gar zu gern an dem großen Gastmahl beteiligt, aber am Abend vor der Schwertleite hatte ich eine andere Pflicht zu erfüllen. Ich warf mir meinen Mantel über und begab mich in die Kapelle, die an den Palas angrenzte.

Sie war groß und aus dicken Steinquadern gefügt, mit schmalen Bogenfenstern, als solle sie Gott nicht nur ehren, sondern auch verteidigen. Mit einiger Anstrengung zog ich einen der Türflügel auf und schob mich durch die Öffnung. Als die Tür zugefallen war, umgab mich die Stille wie eine schützende Decke. Das leise Murmeln, zu dem das lebhafte Treiben draußen geworden war, schien zu einer anderen Welt zu gehören.

Als sich meine Augen an das düstere Licht gewöhnt hatten, sah ich im Chor zwei junge Männer knien, die ungefähr in meinem Alter sein mochten. Es gab nur eins, was sie, ebenso wie mich, von der fröhlichen Gesellschaft draußen fernhalten konnte: die Pflicht, sich mit Gebet und demütiger Ergebung auf die Schwertleite vorzubereiten. Denn ein wahrer Kämpfer war nicht nur ein Diener seines Herrn, sondern immer auch ein Diener Gottes. Brauchte er nicht auch, wenn er gegen einen Feind ziehen musste, den göttlichen Segen? Den konnte er nur gewinnen, wenn er nach Gottes Geboten lebte.

Ich kniete mich neben die Betenden und flüsterte: „Ich bin Bertrand von Authier. Bitte erlaubt mir, bei Euch zu bleiben."

„Gilbert von Monteuil." „Patrick von Rocheblanc. Bleib ruhig bei uns."

Keiner von beiden wandte mir das Gesicht zu; ich sagte daher nichts weiter und ließ mich neben ihnen auf dem steinernen Boden nieder.

Nun begann die längste Nacht meines bisherigen Lebens und ich bin sicher, meine Leidensgefährten empfanden nicht anders.

Es hörte sich so einfach an, wenn es hieß: „Die letzte Nacht, bevor dein Herr dir das Schwert umgürtet, verbringst du kniend in der Kirche." Aber ich glaube, kein Knappe hat sich jemals ausmalen können, welche Anstrengung nötig ist, um dieses schlichte Gebot zu erfüllen.

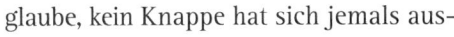

Niemand hatte mich darin unterwiesen, worum ich Gott und die Heilige Jungfrau bitten sollte in dieser langen Nacht. So bat ich denn zuerst um Stärke und Ausdauer, um glänzende Siege und ein reiches Lehen als Belohnung für meine Heldentaten. Dann betete ich, Verwundungen, Leid und früher Tod möchten mir erspart bleiben, und schließlich, als mir die Kälte in die Glieder kroch, als mich Knie, Rücken und Schultern unerträglich zu schmerzen begannen, betete ich nur noch, die Nacht möge so schnell wie möglich vorübergehen.

Nur um eines betete ich nicht und gerade darum hätte ich beten sollen: dass Gott mir die Einsicht verleihen möge, wann das Niederstrecken des Gegners Unrecht und wann das Vergießen von Blut überflüssig war.

Nach schier endlosem Knien in der dunklen und kalten Kirche fiel endlich der erste fahle Schein des beginnenden Tages durch die Bogenfenster; die Hähne krähten und nicht lang danach kam ein Benediktinermönch*, der Gottfried als Beichtvater und Berater diente, um uns zu erlösen.

Steif und durchfroren traten wir hinaus in das Tageslicht. Eine Magd reichte uns einen Becher mit warmem Bier und ein Stück Brot, wir legten unsere Kettenhemden an, dann wurden wir in den unteren Burghof geführt.

Als wir das Tor durchschritten, brandete uns lauter Jubel entgegen. Alle Männer, vom Edelmann bis zum jüngsten Knecht, waren in voller Bewaffnung angetreten, flankiert von den Frauen in ihren Festtagsgewändern, darunter ganz vorn Marguerite, Gottfrieds Nichte. Sie hob verstohlen die Hand, als sie uns erblickte, und es gab mir einen leisen Stich, dass ich nicht mit Bestimmtheit sagen konnte, ihr Gruß habe mir gegolten. Neben ihr stand ihr kleiner Bruder. Sein Lachen und Winken galt mir, dessen konnte ich sicher sein.

Ein Signal ertönte, dann trat Gottfried vor, prächtig gewandet in ein blausilbern schimmerndes Kettenhemd, über das er einen roten Umhang geworfen hatte.

Er ließ uns vor sich niederknien. Klein und kindlich kam ich mir vor, als ich zu ihm aufsah, wie er groß und breit vor uns stand und mit weithin schallender Stimme zu uns sprach.

„Bertrand, Gilbert und Patrick, Ihr müsst noch vieles, vieles lernen, was das Waffenhandwerk und das Wesen eines Ritters betrifft, auch wenn ich Euch heute erlaube, das Schwert zu tragen. Denn erst das Wissen und die Fertigkeiten der Älteren werden Euch lehren, den Herausforderungen des eigenen Erlebens richtig zu begegnen. Darum haltet Euch an die Lehren der Alten und hört auf ihren Rat, denn nur ein Narr glaubt, er könne aus sich selbst heraus zur richtigen Haltung gelangen. Lernt vor allem, dass ein wahrer Kämpfer den Menschen in Not beistehen muss, und zwar nicht nur mit der Waffe, sondern auch, indem er teilt und Almosen gibt. Wenn Ihr einen Mann besiegt, so bleibt demütig, zeigt Euch als Sieger großzügig, denn auch Ihr könnt einmal die Besiegten sein und von der Gnade des Siegers abhängen. Wenn er sich Euch auf Ehrenwort unterwirft, so nehmt das immer an und lasst ihn leben! Haltet in allen Dingen rechtes Maß: Wer seinen Besitz verschleudert, handelt ebenso töricht wie einer, der Schatz um Schatz anhäuft. Seid mutig und scheut keine Gefahr – wer sich feige verkriecht, wenn man ihn bedroht, kann nicht Vorbild für andere sein. Auch sollt Ihr stets bei der Wahrheit bleiben, denn ein Lügner ist feige und hat keine Ehre. Noch etwas gehört zu Euren vornehmsten Pflichten: Achtet und ehrt die Frauen, denn Mann und Frau sind wie Sonne und Tag – keins kann ohne das andere sein. Darum seid auch in Eurer Liebe stets wahrhaftig: Wahre Liebe verabscheut Finten und Betrug.

Und schließlich das Wichtigste: Euer Leben und Euer Handeln sollt Ihr stets in den Dienst Gottes stellen, nach seinen Geboten müsst Ihr Euch richten.

So frage ich Euch jetzt: Wollt Ihr Euch an das halten, was ich
Euch gesagt habe?"

„Ich schwöre es."

„Ich schwöre es!"

„Ich schwöre es!"

„So bewahrt, was ich Euch gesagt habe, in Euch und vergesst
es nie! Und jetzt, Bertrand, Gilbert und Patrick, erlaube ich
Euch im Angesicht Gottes und der hier versammelten Zeugen,

ein Schwert zu tragen. Ab heute seid Ihr Ritter in meinen Diensten."

Ein Diener reichte ihm einen silberbeschlagenen Gürtel und ein Paar silberne Sporen. Er ließ mich aufstehen, legte mir den Gürtel um den Leib und drückte mir die Sporen in die Hand. In gleicher Weise verfuhr er mit den anderen beiden. Anschließend mussten wir wieder niederknien. Er legte jedem von uns die rechte Hand auf den Kopf und ließ sie einen Augenblick dort ruhen.

Dann wandte er sich zur Menge der Zeugen. „Ihr Herren, begrüßt sie als Euresgleichen, und ihr anderen, dient ihnen nach Kräften!"

Die Männer jubelten, stampften und klatschten.

Was ich in jenem Augenblick empfand, kann ich nur schwer in Worte fassen.

Das Gefühl, eins zu sein mit all den Männern, ihren Jubel, ihre Begeisterung in mir zu tragen und unbändige Kräfte und Mut zu haben, hinaussprengen zu können in die Weite des Landes, ohne Hindernis und Grenzen: War das Glück? Damals, an jenem strahlenden Oktobertag im Jahr der Fleischwerdung des Herrn 1095, schien es mir so.

Ausbildung und Ausrüstung eines Ritters

Als kleiner Junge, etwa mit sieben Jahren, kam der Sohn eines Ritters in den Haushalt eines Verwandten, eines Freundes, der selbst mindestens dem Ritterstand angehören musste, oder eines Gönners aus einer höheren Schicht. Dort musste er die Herrschaften bei Tisch bedienen, bekam Unterricht in Lautenspiel und Gesang und lernte, wenn er Glück hatte, auch lesen und schreiben, vielleicht sogar ein bisschen Latein. Im Vordergrund stand allerdings vor allem die körperliche Ausbildung: Reiten, Laufen, Schwimmen, Klettern, Fechten und Ringkampf.

Mit 14 Jahren wurde er dann zum Knappen, lernte die Verwaltung der Güter, half bei der Überwachung der bäuerlichen Abgaben und ging mit auf die Jagd. Vor allem aber vervollkommnete er seine Reitkünste und seinen Umgang mit den Waffen. Bei Gefechten war er nicht nur für den Zustand von Waffen und Rüstung seines Ausbilders verantwortlich, sondern kämpfte auch an seiner Seite.

Mit 21 Jahren dann wurde er in einer feierlichen Zeremonie, der Schwertleite, selbst in den Ritterstand aufgenommen, oft mit anderen jungen Männern zusammen, mit denen ihn dann ein freundschaftliches Verhältnis verband. Nach der Schwertleite kehrte der junge Ritter entweder nach Hause zurück und übernahm nach dem Tod seines Vaters dessen Besitz und seine militärischen Pflichten. Oder er suchte sich einen hochadligen Förderer, der ihm Land und Leute übertrug und für den er kämpfte.

Den wichtigsten Teil der ritterlichen Ausrüstung bildeten
die Waffen, unter denen man Schutzwaffen und Angriffs-
waffen unterscheidet.
Ein Ritter zur Zeit des ersten Kreuzzugs schützte sich mit
einem Schuppenpanzer oder einem Kettenhemd. Der
Schuppenpanzer, der bis zum Knie reichte, bestand aus
vielen Plättchen (aus Horn, Bronze oder Eisen), die auf ein
Hemd aus starkem Leder aufgenäht waren.

**Turnierszene aus der Großen Heidelberger Liederhandschrift;
14. Jahrhundert**

Leichte Hiebe und Pfeile, die nicht mit allzu viel Wucht auftrafen, prallten von den Plättchen ab; einem Lanzenstoß oder einem kräftigen Schwerthieb waren sie nicht gewachsen.

Mehr Schutz bot das Kettenhemd, das ebenfalls bis zum Knie reichte. Es bestand aus zahllosen ineinandergeflochtenen Eisenringen; je kleiner sie waren, desto widerstandsfähiger war das Hemd.

Es war sehr teuer, weil die Fertigung, Ring für Ring, äußerst mühsam war. Erst im 13. Jahrhundert wurde ein Verfahren entwickelt, das die Herstellung der Ringe beschleunigte, noch später entstand dann der Plattenharnisch, der die Ritter zu eisernen Kolossen machte.

Ein gutes Kettenhemd konnte einem kräftigen Schwerthieb und auch dem Schlag mit einem Streitkolben widerstehen; gegen einen Lanzenstoß oder den Pfeil eines Langbogens gab es freilich keinen Schutz.

Eine Kettenkapuze mit Halskollier* und ein eiserner Helm mit Naseneisen schützten den Kopfbereich.

Zu den Schutzwaffen zählt auch der Schild, der vor allem gegen Streitaxt, Lanze und Pfeile schützte. Er hatte die Form eines gerundeten Dreiecks und bestand meist aus Holz, das mit Leder überzogen und mit eisernen Beschlägen verstärkt war.

Die wichtigste Angriffswaffe für den Nahkampf war das Schwert, bestehend aus einer ca. 100 bis 120 cm langen zweischneidigen Klinge, einer horizontalen Parierstange* und einem holz- oder lederverkleideten Griff. Die Form des Schwerts, die der eines Kreuzes ähnelt, gab ihm besonders in den Kreuzzügen eine besondere Bedeutung, sozusagen als Gott geweihte Waffe. Dolch, Streitaxt und Streitkolben (mit eisernen Spitzen) waren weitere Nahkampfwaffen.

Die unhandlichste Angriffswaffe des Ritters war die Lanze. Sie war aus möglichst leichtem, widerstandsfähigem Holz, bis zu drei Meter lang und mit einer eisernen Spitze versehen und diente dazu, den Gegner im Anritt aus dem Sattel zu heben. Die einzige Möglichkeit, der ungeheuren Wucht eines Lanzenstoßes zu begegnen, war, ihn mit dem Schild zu parieren oder auszuweichen.

Natürlich bildete die Bewaffnung nur einen kleinen Teil der Ausrüstung, die ein Kreuzritter, der monate- wenn nicht jahrelang unterwegs war, benötigte. Ein Zelt aus gefettetem Leder oder wenigstens eine Schutzplane aus gewachstem Leinen, Decken, Geschirr, haltbar gemachte Nahrungsmittel, warme Kleidung, Feuerstein und Zunder*, Laterne und Brennstoff, Werkzeuge und vieles mehr gehörten dazu. Deshalb bestand das Kreuzfahrerheer nicht nur aus Rittern; wer es sich irgend leisten konnte, hatte Diener, Gepäck- und Ersatzpferde dabei.

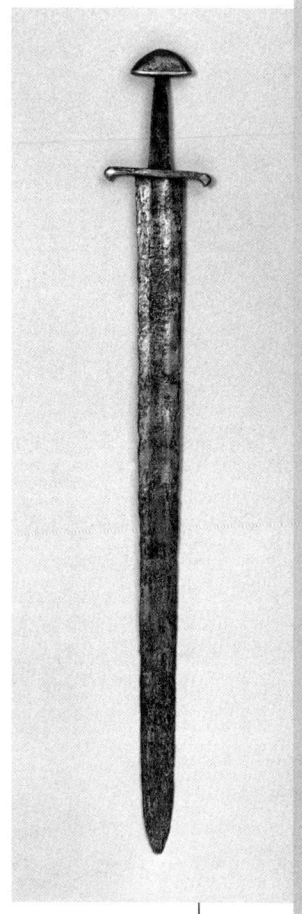

Fränkisches Eisenschwert ca. 1000

51

Unter der Fahne des Herzogs

Herzog Gottfried ließ sich nicht lumpen und richtete uns, seinen neuen Rittern, ein prächtiges Fest aus.

Auf dessen Höhepunkt versammelten sich alle Gäste auf einem großen Brachfeld am Fluss zum Tjost*. Hier durften wir das erste Mal unsere Geschicklichkeit im Zweikampf beweisen – mit stumpfen Waffen freilich, denn niemand sollte sich vor dem Zug nach Clermont ernsthaft verletzen. Auch so waren die Leiber der Teilnehmer hinterher mit blauen Flecken übersät und ohne ein paar Prellungen nach heftigen Stürzen ging es nicht ab. Wir, Gilbert, Patrick und ich, schlugen uns tapfer und hoben manchen altgedienten Kämpen aus dem Sattel. Das brachte uns anerkennende Worte aus dem Mund unseres Herrn ein. Am Abend überreichte Marguerite, seine Nichte, jedem von uns einen silbernen Trinkbecher.

Die Tage bis zur Abreise waren ausgefüllt mit Vorbereitungen; Zeltleinwände wurden gefettet, Waffen und Rüstungen geputzt und geölt; immer wieder wurde in den Backöfen die Glut neu entfacht, um Brot zu backen und Äpfel zu dörren.

Der Herzog ließ sich kaum mehr blicken. Es hieß, er habe eine Menge Schreibarbeiten zu diktieren, außerdem sei ein Berater des Bischofs von Lüttich bei ihm.

Am Morgen des vierten Tages nach unserer Ankunft, gerade

war im Osten das erste Grau des beginnenden Tages zu ahnen, wurde das Zeichen zum Aufbruch gegeben. Ich hatte vor Aufregung ohnehin kaum Schlaf gefunden und stand bereits in meinen Umhang gehüllt am Tor, während Acelin noch unsere Knechte beim Beladen des Packpferdes beaufsichtigte.

Versonnen sah ich zu, wie die Sonne langsam über den Horizont stieg und den Fluss in ein glühendes, glitzerndes Goldband verwandelte. Ich war von fieberhafter Vorfreude erfüllt, stellte mir in Gedanken immer wieder vor, wie die Fahrt im Gefolge des Herzogs wohl verlaufen würde. Und doch war da ein Gefühl leiser Wehmut, wenn ich an meine Eltern und meine Schwester dachte, an das vertraute Land um Authier, an die Hintersassen*, die ich alle persönlich kannte. Hatte ich etwa Heimweh? Ärgerlich verbannte ich das Gefühl aus meinem Inneren.

Plötzlich hörte ich rasche, trippelnde Schritte hinter mir. Ich wandte mich um und sah Marguerite auf mich zukommen, an der Hand ihren kleinen Bruder.

„Er hat darauf bestanden, sich von Euch zu verabschieden", sagte sie. Ihr Gesicht sah rosig und frisch aus, so als hätte sie

es mit kaltem Brunnenwasser gewaschen. Ihr geflochtenes Haar glänzte.

Das Gefühl, das ich eben vertrieben hatte, kehrte zurück, heftiger als vorhin, und eine Stimme in mir flüsterte: Warum bleibst du nicht hier?

Wieder ließ ich nicht zu, dass das Gefühl meine Sinne vernebelte, und der Stimme befahl ich zu schweigen. Wollte ich ein besserer Bauer bleiben? Oder für ein Mädchen schwärmen, dessen Ehe mit einem Hochfreien wahrscheinlich schon längst beschlossene Sache war?

„Demnächst wirst du Page sein", sagte ich zu dem Kleinen und streckte ihm die Hand hin. „Ich wünsche dir Glück und …", hier senkte ich die Stimme, „denk dran: Pferde sind empfindlich!"

Er packte meine Hand und drückte sie fest. „Eines Tages werde ich dich aus dem Sattel werfen", prahlte er.

„Das ist der Lauf der Welt", sagte ich, „wenn ich alt und grau bin, wirst du mich aus dem Sattel werfen. Aber bis dahin", blitzschnell fasste ich ihn um den Leib und schwang ihn hoch über meinem Kopf hin und her, „bis dahin vergeht noch ein bisschen Zeit."

Er jauchzte vor Vergnügen, je heftiger ich ihn herumwirbelte. Endlich stellte ich ihn wieder auf die Füße.

„Lebt wohl!", sagte Marguerite, „viel Glück für Eure Fahrt. Gebt acht auf meinen Onkel und auf Euch!"

Ich verneigte mich. „Lebt auch Ihr wohl. Vielleicht sehen wir uns wieder, wenn Ihr dann nicht schon …" Der Rest des Sat-

zes blieb
irgendwo in mir
stecken, während ich
mich abwandte und da-
vonschritt, wütend über
mich selbst. Vielleicht war
ich schon ein ganz guter
Kämpfer, aber mein Beneh-
men war das eines lothringi-
schen Bauernfünfers!

Eine Stunde später, die Glocke der Burgkapelle hatte gerade
sieben geschlagen, wälzte sich der endlose Zug den Burgweg
hinunter zur Straße am Fluss.

Gottfried, Herr von Bouillon, Herzog von Niederlothringen, und
sein Gefolge hatten ihre Reise angetreten. Fast drei Wochen
später erreichten sie Clermont.

Eine Großmacht auf dem Vormarsch: das islamische Kalifat

Gut anderthalb Jahrhunderte nach der Entstehung des christlichen Frankenreichs, aus dem später Deutschland und Frankreich hervorgingen, lebte auf der arabischen Halbinsel zwischen dem Roten Meer und dem persischen Golf ein Mann, der, obwohl eigentlich ein schlichter Kaufmann, zum Verkünder (Propheten) einer neuen Religion wurde und dessen Wirken die Welt veränderte. Dieser Mann hieß Mohammed, arabisch Muhammad; er wurde um das Jahr 570 in Mekka geboren. Als junger Mann heiratete er eine reiche Kaufmannswitwe. Das Leben als Händler füllte ihn jedoch nicht aus, stattdessen begann er, sich mit Fragen der Religion zu beschäftigen. Seine Kontakte zu jüdischen Gelehrten, die nur einen allmächtigen Gott anbeteten, hatten dazu geführt, dass er den Glauben an die zahlreichen Stammesgötter seiner Landsleute heftig kritisierte.

Mit 40 Jahren soll ihm, während er in einer Nacht des Monats Ramadan auf einem Berg meditierte, der Erzengel Gabriel erschienen sein und ihm den Koran (das „Buch Gottes") verkündet haben.

Fortan predigte er, dass man nur an einen Gott (arabisch „Allah") glauben dürfe, und verbreitete die Lehren, die sich aus den Suren (Kapiteln) des Korans ergaben.

Zunächst machte er sich damit viele Feinde. Er musste Mekka verlassen und in die Stadt Jathrib ziehen, die später Medina, Stadt des Propheten, genannt wurde. Dort

aber gewann er zahllose Anhänger, die sich Muslime („Gott-
ergebene") nannten, und eroberte schließlich Mekka zurück. Er legte nicht nur die religiösen Grundsätze, die sich
aus dem Koran ergaben, fest, sondern entwarf auch die

**Mohammed und der Erzengel Gabriel; 16. Jahrhundert.
Mohammeds Geschichtszüge sind nicht zu erkennen, weil der
Islam die bildliche Darstellung von Menschen ablehnt.**

politischen Regeln für das Zusammenleben in der Gemein-
schaft. Ein erster muslimischer Staat entstand, der bei Mohammeds Tod (632) schon fast die ganze arabische Halbinsel umfasste.

Mohammeds Nachfolger, die Kalifen (eigentlich „Stellvertreter"), eroberten rasch Palästina, den Irak, Syrien, Ägypten und Teile Persiens; viele Menschen dort schlossen
sich der neuen Religion, dem Islam („Ergebung in Gott")
an, doch durften Christen und Juden ihren Glauben auch
behalten.

Die Kalifen, die nach Mekka zunächst Damaskus und später Bagdad zu ihrer Hauptstadt machten, setzten ihre Kriegs-
züge fort. Mit der Eroberung großer Teile der Iberischen
Halbinsel (711–715) – des heutigen Spaniens und Portu-
gals – drangen sie schließlich bis nach Westeuropa vor.
Erst 732 wurde ihre Invasion in der Nähe der Stadt Tours
(Frankreich) durch ein fränkisches Heer gestoppt.

Obwohl in ihrem spanischen Reich, dem Kalifat von Cordo-
ba, Christen und Juden relativ tolerant behandelt wurden
(gegen Zahlung einer Steuer durften sie ihren Glauben
frei ausüben), wurde ihre Nähe als Bedrohung empfunden. Es entstand eine christliche Widerstandsbewegung
(Reconquista), die die Rückeroberung Spaniens anstreb-
te. Die Feindschaft zwischen den Religionen wuchs und
das Vorhaben, die „heidnischen" Muslime mit einem Krieg
im Zeichen des Kreuzes zurückzudrängen, gewann stän-
dig neue Anhänger. In Spanien selbst dauerte die blutige
Auseinandersetzung zwischen den Religionen über 700
Jahre.

„Gott will es!"

Ich erspare es mir, von meinem Aufenthalt in Clermont zu berichten, der prächtigen Stadt, an dem gewaltigen Puy de Dome gelegen, der einstmals Feuer und Rauch gespuckt haben soll. Von meinem Herrn habe ich nicht viel gesehen in diesen Wochen; er verhandelte, so hieß es, mit seinen Freunden aus dem geistlichen Stand, den Bischöfen von Lüttich und Le Puy, und kam mit dem Herrn Papst Urban zusammen.

Ich selbst verbrachte die Wochen mit meinem alten Gefährten Acelin und meinen neuen Freunden Gilbert und Patrick. Wir vertrieben uns die Zeit so, wie sich junge Männer mit viel Leichtsinn und wenig Verstand schon immer die Zeit vertrieben haben, und das ist wirklich nichts, was zu berichten sich lohnte.

Wohl aber will ich von jenem Tag erzählen, an dem der Herr Papst alle, die seinem Ruf nach Clermont gefolgt waren, Bischöfe und Äbte, Herzöge, Grafen und Ritter, auf einem großen Platz vor den Toren der Stadt zusammenrufen ließ; dazu kamen ungebeten allerlei niederes Volk und zweifelhaftes Gesindel. Am Ende war der Platz so voller Menschen, dass man sich kaum zu rühren vermochte. Aber so seltsam es scheinen mag, obwohl die Leute einander so bedrängten, obwohl sicher auch Raufbolde und Streithähne unter uns waren, gab es doch kein böses Wort, keine Prügelei, ja, nicht einmal Gejammer angesichts der drangvollen Enge.

Nicht weniger bemerkenswert war, dass nach Tagen voller Sturm, Nebel und Regen die Luft von wunderbarer Milde und Klarheit war: Die Sonne schien vom makellos blauen Himmel, als wäre es Mai, und kein Lüftchen regte sich.

Am Rand des Platzes war ein hölzernes Podium von doppelter Mannshöhe aufgebaut. Als es der Papst, geleitet von zwei Mönchen seiner Kanzlei, bestieg, gab es keinen Laut mehr bis auf das Knacken der hölzernen Stufen – stumm, reglos, die Augen auf ihn gerichtet, wartete die Menge ab.

Jetzt hatte der Papst das Gerüst erklommen, die Mönche blieben zurück und er trat an die Brüstung. Hoch aufgerichtet stand er über der Menge, auf seinem Kopf schimmerte die weiße Haube mit dem goldenen Reif. Er hob die Rechte, in der er ein goldenes, mit glitzernden Steinen geschmücktes Kreuz hielt, und begann zu sprechen:

„Geliebte Brüder!

Die Wiege unseres Heils, das Vaterland des Herrn, das Mutterland der Religion hat ein gottloses Volk in seiner Gewalt, das Volk der Sarazenen*. Diese Gottlosen verunreinigen die Orte, die einst unseres Herrn Fuß betreten hat; sie unterdrücken die Gläubigen und entweihen das Allerheiligste. Gottes Volk wird erniedrigt, Gottes Priester sind versklavt, Gottes Land muss Tribut zahlen. Wer, liebe Brüder, kann solche Kunde tränenlos anhören? Wem zerreißt es nicht das Herz, wenn er vernimmt, dass aus dem Tempel des Herrn der Sitz des Teufels geworden ist?

Den Gläubigen werden die Söhne entrissen, damit sie den Unreinen dienen, Gott verleugnen und ihn lästern. Wenn sie sich aber weigern, werden sie hingeschlachtet wie einst die heiligen Märtyrer. Vor nichts machen die Schänder des Glaubens halt, sie morden sogar die Priester im Heiligtum.

Und lasst mich Euch von weiteren Abscheulichkeiten berichten: Diese gottlose Brut befleckt die Altäre mit ihren Abscheulichkeiten und stürzt sie um! Sie beschneiden die Christen, schlitzen ihnen die Bäuche auf, erschießen sie mit Pfeilen oder ziehen ihnen die Hälse lang; sie gehen mit bloßem Schwert auf sie los und versuchen, ob sie sie mit einem Streich köpfen können. Und was soll ich erst von der Schändung der Frauen sagen? Davon zu reden ist schlechter, als zu schweigen. Wehe uns, die wir den Jammer erdulden müssen, den einst König David vorausgeahnt hat: ‚Gott, es sind Heiden in dein Vermächtnis eingefallen und haben deinen heiligen Tempel verunreinigt!'

Wehe uns! Sind wir wirklich dazu geboren, still zu sitzen und die Feinde ihren Mutwillen treiben zu lassen? Wollen wir der Vernichtung des Heiligen Landes tatenlos zusehen?

Vollzieht den Willen Gottes, geliebte Brüder! Gürtet eure Schwerter und rüstet euch! Ist es nicht besser, im Kampf zu sterben

als die Vernichtung des Allerheiligsten zu dulden? Hört endlich auf damit, euch gegenseitig zu bekriegen, zu stehlen, zu
rauben und zu morden, denn so werdet ihr das Reich Gottes
nicht gewinnen! Wendet die Waffen gegen die Feinde des
Glaubens und nicht gegen eure Brüder!

Allen frommen Christen, die gegen die Heiden zu Felde ziehen, erlassen wir im Wissen um die Barmherzigkeit Gottes alle
Strafen, die die Kirche ihrer Sünden wegen über sie verhängt
hat. Sie stehen unter dem besonderen Schutz der Kirche und
der heiligen Apostel Petrus und Paulus. Und wer im Kampf
gegen die Feinde des Glaubens fällt, dem wird die Frucht des
ewigen Lebens zuteil.

Denn so spricht Christus der Herr: ‚Und wer nicht sein Kreuz
auf sich nimmt und mir nachfolgt, ist meiner nicht würdig!'
Nehmt also euer Kreuz auf euch, zieht nach Palästina, verjagt
und erschlagt die Feinde Gottes!

Palästina sei das Ziel! Und euer Zeichen sei das Kreuz!"

So sprach Papst Urban, das Kreuz mit beiden Händen hoch
über den Kopf erhoben. Seine Stimme hallte wie der wuchtige
Klang einer großen Glocke über die Menge hin. Immer noch
stand sie reglos, wie gebannt, alle Augen waren auf Urban gerichtet, auf das funkelnde Kreuz in seiner Hand. Plötzlich
drang eine einzelne Stimme durch die Stille: „Gott will es!"

Da brach der Sturm los. „Gott will es! Gott will es! Gott will es!"
Die Menge jauchzte, brüllte, schrie immer nur die drei Wörter,
erst jeder für sich, in wildem Durcheinander, dann nach und

nach in Gruppen, bis endlich ein gewaltiger Chor von Tausenden Menschen brausend in den Himmel skandierte: „Gott will
es! Gott will es! Gott will es!"

Auch mich erfasste die Begeisterung. Ich dachte nichts, ich
fühlte nichts, ich war nur ein winziger Teil dieses ungeheuren

Stroms, der mich mitriss, willenlos und unfähig, mich zu widersetzen. In diesem Augenblick hätte ich mich allein gegen die Sarazenen gestellt und wäre dabei noch siegessicher gewesen.

Neben mir brüllten Acelin, Gilbert und Patrick und wir brüllten, bis aus unseren Kehlen nur noch ein heiseres Krächzen kam.

Plötzlich entstand Bewegung neben dem Gerüst, auf dem sich Papst Urban befand. Ein Mann im prächtigen Ornat eines Bischofs stieg die hölzernen Treppen hinauf.

Nach und nach versiegten die Chöre, die Menge verstummte.

„Ich kenne ihn", flüsterte Patrick neben mir. „Das ist Herr Adhemar, der Bischof von Le Puy."

Auf der Tribüne angekommen, ließ sich der Bischof vor Urban auf die Knie sinken. Gespannt wartete die Menge.

Bischof Adhemar hob die Arme wie zum Gebet. „Herr!", schrie er mit weithin schallender Stimme. „Lasst mich der Erste sein, der Eurem Ruf folgt und das Kreuz nimmt! Ich gelobe, nicht eher zu ruhen, bis ich den Tempel des Herrn von den gottlosen Heiden befreit habe!"

Unter dem Jubel der Menge beugte sich der Papst zu Adhemar hinunter, half ihm auf und küsste ihn auf beide Wangen. Dann legte er ihm mit großer Geste das kostbare Kreuz, das mit einem goldenen Band versehen war, um den Hals.

Als ob jemand ein Zeichen gegeben hätte, setzten erneut die Rufe ein: „Gott will es, Gott will es!" Dazwischen mischten sich Gelöbnisse: „Auch ich will das Kreuz nehmen! Ich nehme das Kreuz! Lasst auch mich das Kreuz nehmen!"

Heute, da ich durch die Erfahrungen eines langen Lebens misstrauisch geworden bin und an den guten Absichten vieler Menschen zweifle, frage ich mich, ob nicht schon in Clermont mancher die Fahrt nach Palästina vielleicht eher unter dem Zeichen dieses Kreuzes unternehmen wollte: mit der Hoffnung auf Macht und Reichtum.

Aber wer weiß, vielleicht sind diese Zweifel nur Einflüsterungen des Teufels. Damals jedenfalls wäre ich am liebsten auch auf das Gerüst gesprungen, hätte mich dem Papst zu Füßen geworfen und ihm geschworen, nicht zu ruhen, bis ich die heiligen Stätten befreit und den Schmutz des Heidentums mit Blut abgewaschen hätte.

Doch natürlich stand mir, einem der jüngsten und geringsten unter den Rittern, eine solche Geste nicht zu. Andere mächtige Herren aber taten es dem Bischof nach: Graf Raimund von Toulouse, Graf Hugo von Vermandois und mein Herr Gottfried von Bouillon.

Als der Papst alle, die das Kreuz zu nehmen bereit waren, gesegnet und das Gerüst verlassen hatte, zerstreute sich die Menge.

Meine Freunde und ich kehrten in das Lager, das die Gefolgsleute Herzog Gottfrieds errichtet hatten, zurück – so voller Tatendrang und Begeisterung, so erfüllt vom leidenschaftlichen Wunsch, Gott mit dem Schwert zu dienen, dass wir am liebsten sofort unsere Pferde bestiegen und unsere Kreuzfahrt begonnen hätten. Oh allmächtiger Gott, wenn ich nur wüsste, ob es wirklich deine Stimme war, die wir damals in uns vernahmen!

Nur zur Ehre Gottes? Die Ursachen des ersten Kreuzzugs

Vor allem Papst Urban II. war es, der sich mit allen Kräften dafür einsetzte, dass der erste Kreuzzug stattfinden konnte. Das lag nicht nur an seinem tiefen Glauben, sondern hatte auch machtpolitische Gründe.

Einer davon hatte mit dem „Investiturstreit*" zu tun: Seit Jahrzehnten stritten sich die Päpste und die deutschen Könige, die auch römische Kaiser waren, wer die Erzbischöfe, Bischöfe und Äbte einsetzen dürfte (Einsetzung lat. investitura, daher Investiturstreit).

Der Kaiser forderte das Recht für sich, weil er ihnen Land und weltliche Macht verlieh. Der Papst forderte das Recht, weil er der oberste Bischof war und außerdem als Stellvertreter Christi auch die Oberhoheit über den König und Kaiser beanspruchte. Wer die Bischöfe einsetzte, dem hatten sie auch zu gehorchen. Da sie selbst mächtige Fürsten waren, konnte es in Konfliktfällen entscheidend sein, auf wessen Seite sie standen. Der Papst glaubte nun, wenn es ihm gelänge, zahlreiche geistliche und weltliche Fürsten für die Ziele der Kirche zu gewinnen und zum Kreuzzug zu veranlassen, dann würde das seine Stellung gegenüber der des Kaisers stärken. Denn damit unterwarfen sich die Fürsten seinem Oberbefehl und erkannten ihn als eine dem Kaiser übergeordnete Autorität an.

Der zweite machtpolitische Grund lag im Verhältnis der römischen Kirche zum byzantinischen Kaiserreich. Dieses christliche Reich, das Teile von Griechenland und Klein-asien umfasste (die Hauptstadt war Byzanz, das heutige Istanbul), hatte sich 1054 wegen unterschiedlicher Glau-bensansichten vom Papst und von der römischen Kirche losgesagt. In den folgenden Jahrzehnten wurde es immer wieder von den türkischen Seldschuken*, die sich zum Is-lam bekannten, mit Krieg überzogen. 1095 war die Situa-tion so bedrohlich geworden, dass der byzantinische Kaiser in seiner Not den Papst um Hilfe bat. Jetzt bestand die Chance für Urban, wieder Einfluss im Osten zu gewin-nen: der Papst als Retter von Byzanz. Dadurch, so hoffte er, würde es unter Umständen zu einer Wiedervereinigung der beiden Kirchen kommen. Eigene Truppen aber hatte er kaum, also startete er seinen Aufruf zum Kreuzzug.

Dass er einen so ungeheuren Erfolg hatte, damit hatte er nach Ansicht der meisten Historiker selbst nicht gerech-net. Wohl aber wusste er, dass eine möglichst düstere Schilderung der Zustände in Palästina die Zuhörer beein-drucken würde. Denn seit der Eroberung Spaniens durch die Muslime war eine antiislamische Bewegung entstan-den, die es für besonders unerträglich hielt, dass sich die „Heiden" der Stätten bemächtigt hatten, an denen einst Christus gelebt hatte. Seit vielen Jahren hatte es eine stän-dig wachsende Zahl von Pilgerfahrten ins „Heilige Land" gegeben (diese Bezeichnung für Palästina wurde, ausge-hend vom „Gelobten Land" des Alten Testaments in die-ser Zeit üblich). Wer nach Palästina pilgerte, konnte nicht nur die Stätten des Wirkens Christi bestaunen (vergleich-bar den Moslems, die nach Mekka pilgerten), sondern

Papst Urban II. ruft zum ersten Kreuzzug auf; Darstellung aus dem
15. Jahrhundert.

obendrein noch auf Minderung seiner Sündenschuld hoffen. Der Kreuzzug wurde in diesem Sinn als bewaffnete Pilgerfahrt verstanden. Urban II. förderte diese Ansicht, indem er allen Kreuzfahrern im Namen Gottes vollständige Vergebung ihrer Sünden versprach.

Seine flammende Rede, die von mehreren zeitgenössischen Geschichtsschreibern, allerdings mit teilweise unterschiedlichem Text, überliefert ist, in der er Misshandlungen der Christen durch die Seldschuken schilderte, verfestigte bei seinen Zuhörern die Ansicht, dass die Anhänger des Islam Kinder des Teufels wären. Tatsächlich war von der toleranten Haltung des Islam nichts mehr übrig geblieben, seit Palästina nicht mehr von den ägyptischen Kalifen beherrscht wurde, sondern (1071) von den Seldschuken erobert worden war. Wallfahrer sowie einheimische Juden und Christen wurden in ihrer Religionsausübung behindert, Misshandlungen und Schikanen waren an der Tagesordnung.

Das wusste der Papst natürlich; einerseits war er als frommer Christ (früher war er Mönch im Kloster Cluny gewesen) darüber empört, andererseits wusste er, die Situation zu nutzen, um seine machtpolitischen Ziele, die er als Gottesdienst verstand, durchzusetzen.

Das letzte Mal in der Heimat

Zwei Tage, nachdem der höchste der Bischöfe, der Herr Papst Urban, uns so dringend an unsere Pflicht gemahnt hatte, die heiligen Stätten von der Bosheit der Heiden reinzufegen, machten wir uns auf den Weg zurück in die Festung von Bouillon. Unser Herr Gottfried, ohnehin ein Mann, den ich selten lauthals hatte lachen sehen, war noch ernster und in sich gekehrter als sonst. Was ihm wohl auf der Seele lag?

Einige Zeit nach unserem Aufbruch lenkte ich mein Pferd an die Seite Patricks, der ihn am besten kannte, denn er diente schon einige Jahre an seinem Hof.

„Warum ist er so missmutig?", fragte ich und deutete an die Spitze des Zuges, an der das Banner des Herzogs leuchtete. „Hat ihn denn die Rede des Papstes gar nicht ergriffen und begeistert?"

„Er ist nicht missmutig", erwiderte Patrick. „Er ist schon ganz und gar von der Aufgabe erfüllt. Vielleicht grübelt er über den Weg nach, den er wählen sollte, vielleicht geht ihm durch den Kopf, welche Ausrüstung er braucht, vielleicht aber ist er auch in Gedanken schon in den Gassen der Heiligen Stadt und schwingt sein Schwert gegen die heidnischen Krieger."

Er beugte sich aus dem Sattel zu mir herüber. „Du musst wissen", raunte er, „er ist eigentlich eher ein geistlicher Herr als ein weltlicher Fürst, allerdings einer, der mit Schwert und Lanze so gut wie kaum ein anderer Mann umgehen kann. Er hält alle Gebetszeiten ein, nie habe ich ihn betrunken gesehen, er hat nicht geheiratet, aber soviel ich weiß, steigt er auch den Mägden nicht hinterher. Auf der Jagd, beim Tjosten und im Gebet, da wirst du ihn gelöst und zufrieden sehen. Er ist ... wie ein bewaffneter Mönch, ein Ritter unseres Herrn."

Ich nickte. Ja, so kam er mir auch vor: ein Ritter ganz im Dienst Gottes, einer, der den Freuden der Welt entsagt hatte. Ich bewunderte und verehrte ihn von da an noch mehr.

Wieder dauerte es annähernd drei Wochen, bis wir unsere Fahrt beendet hatten. Als wir am Fuß der Festung Bouillon angekommen waren, befahl uns der Herzog, am Ufer des Flusses Semois unser Lager aufzuschlagen. Er wolle dann zu einem Treffpunkt kommen und uns alle über seine weiteren Pläne in Kenntnis setzen.

Es ging inzwischen auf Weihnachten; auf den milden Herbst war ein bitterkalter Winter gefolgt. Jeder sah deshalb zu, dass er mit seinen Knappen und Dienern so schnell wie möglich ein schützendes Zelt errichtete.

Patrick, Gilbert und ich ließen unsere Behausungen auf dem Grundriss eines Dreiecks aufstellen, in dessen Mitte wir ein großes Feuer entzündeten. Bald schon hockten wir, in dicke, pelzbesetzte Mäntel gehüllt, davor, mit einem Becher heißen Weins in der Hand.

Wie so oft drehte sich unser Gespräch um die große Fahrt, die vor uns lag.

Keiner von uns wäre auf den Gedanken gekommen, den Herzog um die Befreiung von der Gefolgschaftspflicht zu bitten. Hätte jemand etwas Ähnliches geäußert – ich glaube, die anderen hätten ihn grenzenlos verachtet.

„Am liebsten würde ich sofort aufbrechen", äußerte sich Patrick, der von uns der Ungeduldigste war.

„Niemand bricht im Winter zu so einer weiten Reise auf", belehrte ihn Gilbert. „Bei Eis und Schnee sind viele Wege unpassierbar – willst du erfrieren unterwegs?"

„Ach, was! Kalt ist es doch nur bei uns. Im Heiligen Land, heißt es, soll es immer sonnig und warm sein."

„Aber du weißt doch gar nicht, wie weit es bis dahin ist! Oder hast du dich schon jemals mehr als ein paar Tagesreisen von deiner heimatlichen Burg entfernt? Schon morgen könnte uns außerdem ein Schneesturm das Fortkommen unmöglich machen."

„Wir sind doch im Auftrag Gottes unterwegs – wird er uns da nicht eine Fahrt ohne Mühen bescheren?"

Mitten in unser sorgloses Geplauder tönte der Ruf eines Boten: „Der Herzog kommt!"

Rasch erhoben wir uns, überließen das Feuer der Obhut unserer Diener und begaben uns zum vereinbarten Treffpunkt.

Gottfried erwartete uns schon. „Ich habe das Kreuz genommen und ich werde mein Gelöbnis halten. Ihr alle, meine Herren, habt Zeit genug gehabt, die Worte des Herrn Papstes zu überdenken. Eine Fahrt nach Jerusalem, die womöglich Jahre dauert, ist nichts, was ich erzwingen kann. Deshalb frage ich Euch: Wer will mir folgen, um die heiligen Stätten zu befreien?"

Mein Arm war oben, ehe er noch ausgesprochen hatte. Ich sah mich um – niemanden gab es, der nicht wie ich den Arm in die Höhe hielt. Alle würden ihm folgen.

„Ich danke Euch, Ihr Herren!" Gottfried war sichtlich bewegt und wartete einige Augenblicke, ehe er fortfuhr: „Wir werden im nächsten Jahr aufbrechen, am Tag der Himmelfahrt unserer heiligen Gottesmutter Maria, am 15. Tag des Augusts."

Aufgeregtes Gemurmel folgte auf diese überraschende Ankündigung. Fast ein Dreivierteljahr sollte noch bis zur Abfahrt vergehen? Kam es nicht auf jeden Tag an, wenn es galt, die heilige Erde, über die unser Herr Jesus Christus gewandelt war, vom ruchlosen Tritt der Heiden zu befreien?

Als er bemerkte, dass einige der Ritter protestieren wollten, hob der Herzog die Hand. „Einen Augenblick, meine Herren! Nicht ohne Grund habe ich diesen Tag für unseren Aufbruch bestimmt, der manchem von Euch allzu fern erscheint. Bedenkt zum einen, wie viele Vorbereitungen jeder von Euch zu treffen hat: Ihr müsst die Verwaltung Eurer Güter für die Zeit Eurer Abwesenheit regeln, die Abgaben festlegen, Euern Letzten Willen bekunden für den Fall, dass Ihr nicht zurückkehrt, und vieles mehr. Ich glaube, jeder von euch weiß das selbst am besten. Und seid Ihr sicher, dass jeder von Euch den ungeheuren Mühen, die auf ihn warten, gewachsen sein wird? Gerade die Jungen unter Euch sollten sich daraufhin prüfen. Jetzt habt Ihr Zeit, Eure Fähigkeiten zu schulen, Hitze und Kälte, Hunger und Durst nicht zu achten, Ausdauer, Zähigkeit und Kraft zu erwerben. Nutzt diese Zeit, Ihr Herren! Es war der ausdrückliche Wunsch des Herrn Papstes, dass wir am höchsten Festtag der heiligen Gottesmutter unsere Fahrt beginnen. Die Heilige Jungfrau ist ihm erschienen und hat ihm bedeutet, dass unsere Fahrt dann unter einem besonders glücklichen Stern stehen wird."

Er grüßte und wandte sich ab. Bevor wir aber zur Wärme unseres Feuers zurückkehren konnten, kam ein Knecht auf mich zu und sagte: „Der Herzog möchte mit Euch sprechen, Herr Bertrand!"

Ich bemerkte wohl die neidischen Blicke der anderen und gestehe, dass mir die vermeintliche Auszeichnung nicht wenig schmeichelte.

In meinen Mantel gehüllt hastete ich wenig später den Burgweg hinauf; mein Herz klopfte vor gespannter Erwartung. Würde mir Herr Gottfried eine besondere Aufgabe zuweisen?

Der Knecht erwartete mich am Tor und geleitete mich zum Palas. Drinnen, vor dem Kamin, in dem ein kräftiges Feuer loderte, saß der Herzog mit einem Mönch, der sein Beichtvater und außerdem sein Ratgeber war, und mit seiner Nichte Marguerite. Alle drei musterten mich ernst und schweigend, meine freudige Aufregung wurde von einer bangen Vorahnung abgelöst. Ich mühte mich, mir nichts anmerken zu lassen, und verneigte mich.

„Ihr habt mich zu Euch befohlen, Herr?"

Der Herzog nickte mir zu. „Setzt Euch, Bertrand!"

Er gab Marguerite einen Wink, die mir einen Becher Wein einschenkte. „Trinkt!", befahl der Herzog, „es wird Euch aufwärmen!"

Ich gehorchte und sah ihn dann erwartungsvoll an. Würde er jetzt endlich sagen, warum er mich zu sich bestellt hatte? Gottfried setzte zum Sprechen an, zögerte und sagte dann fast hastig: „Euer Vater ist tot, Bertrand."

Ich beugte mich vor, schüttelte den Kopf, wollte nicht verstehen: „Was sagt Ihr da, Herr?"

„Ein Bote ist vor einigen Tagen angekommen und wartet seitdem auf Euch. Er hat die Nachricht gebracht."

Nur langsam erfasste ich den Inhalt seiner Worte. Mein Vater tot! Wie oft hatte ich mir auf der Rückreise aus Clermont vorgestellt, wie ich ihm die Schwertleite und den anschließenden Tjost schildern wollte, gerade mit der richtigen Mischung aus Stolz und Bescheidenheit. Wie oft hatte ich mir seine Reaktion ausgemalt, voll des Lobes und doch dabei ein bisschen spöttisch, die so typisch war für ihn, mit der er seine Rührung verbergen wollte. Die Rede des Papstes hatte ich ihm wiedergeben wollen und gehofft, nein, gewusst, dass er meine Begeisterung für den Kreuzzug teilen würde, dass er mich ermuntern und ermutigen würde.

Ich schüttelte heftig den Kopf, als könnte ich Benommenheit und Schmerz dadurch vertreiben.

„Darf ich mit dem Boten sprechen, Herr?" Auf einen Wink ihres Onkels eilte Marguerite hinaus und kam kurze Zeit später mit dem Mann zurück, es war Hugo, der alte Schafhirt, der meinen Vater nach seinem Sturz gepflegt hatte.

Er sah mich, lief auf mich zu und legte mir wortlos die Hand auf die Schulter. Ich hatte Mühe, die Tränen zurückzuhalten, und brachte nur noch ein stammelndes Flüstern heraus: „Was ist geschehen? Es ging ihm doch schon besser, als ich aufgebrochen bin!"

Der alte Mann zuckte die Achseln.

„Ich hatte ihn schon fast gesund gepflegt. Aber dann sind Dämonen in eine der Wunden gefahren und haben ihm ein hitziges Fieber in den Leib gejagt. Dagegen war kein Kraut gewachsen und kein Spruch stark genug. Er ist fast verbrannt von innen – und nach drei Tagen war er tot. Fast eine Woche ist das jetzt her, Herr."

Ich wollte ihn anschreien und schütteln. Die Dämonen, wollte ich brüllen, warum hast du sie nicht vertrieben, indem du zu Gott gebetet hast? Aber den Alten würde ich nicht mehr zur Umkehr bringen. „Halt dich morgen früh bereit", sagte ich deshalb nur und wandte mich zu Gottfried. „Wenn Ihr erlaubt,

Herr, werde ich morgen für einige Zeit nach Hause zurückkehren."

„Natürlich habt Ihr meine Erlaubnis", erwiderte der Herzog. „Von Eurem Gelübde als mein Gefolgsmann kann ich Euch auch entbinden. Mit dem Gelübde, das Ihr Gott geleistet habt, wird es schwieriger, aber …"

„Ich werde beide halten, Herr", unterbrach ich ihn. „Ich ziehe mit Euch zu den heiligen Stätten, wie ich es gelobt habe. „Gebt mir nur Zeit zu regeln, was geregelt werden muss."

Ich verabschiedete mich von ihm und verbeugte mich vor Marguerite. „Ich werde Euch zum Lager begleiten, Bertrand", sagte sie und erhob sich, bevor ich einen Einwand erheben konnte.

Langsam gingen wir durch die eisige Kälte, Hugo blieb ein Stück hinter uns.

„Gott hat es gefallen, ihm bei seinem schweren Sturz das Leben zu bewahren", sagte ich und versuchte, die aufsteigenden Tränen zu unterdrücken. „Warum hat er ihn jetzt noch sterben lassen?"

„Wie viele Jahre hat Euer Vater gezählt?"

Ich überlegte eine Weile. „Ich glaube, 43 Jahre ist er alt geworden."

„Und hat er ein gutes Leben geführt?"

Ich dachte an Burg Authier, klein und eng, aber aus festem Stein erbaut, an den Fronhof* und seine vollen Scheunen, an die Bauern, die ihre Abgaben brachten, zufrieden, weil sie nicht mehr geben mussten, als sie erübrigen konnten, an die Dörfer,

in denen niemand hungerte, an den Wald, in dem es reichlich Wild zum Jagen gab.

„Ja, es war ein gutes Leben."

„Dann sollten wir Gott danken für seine Gnade. Er hat deinem Vater ein langes und gutes Leben geschenkt, er hat ihn sterben lassen, bevor er durch seinen Sturz siech und hinfällig geworden wäre, und er wird ihn aufnehmen in sein Reich."

Ich nickte unter Tränen. „Aber ich hätte in der Stunde seines Todes bei ihm sein müssen."

Sie legte mir, einen kurzen Moment nur, ihre Hand auf die Schulter. Die Hand war federleicht und durch meinen Winterumhang kaum zu spüren. Dennoch hatte die Berührung etwas Tröstliches.

„Ihr seid nicht leichtfertig fortgegangen, sondern dem Ruf Eures Herrn gefolgt."

Schweigend schritten wir den Burgweg hinunter, unter uns am Fluss flackerten die Lagerfeuer, der Wind jaulte durch die kahlen Äste der Weiden. Als wir das Lager erreicht hatten, reichte Marguerite mir die Hand. „Kommt bald zurück!" Das klang fröhlich und unbeschwert. Hatte sie vergessen, dass ich nur zurückkehren würde, um bald darauf umso länger fortzugehen?

„Das ganze Frühjahr und ein Teil des Sommers liegen dann noch vor uns."

Sie hatte es nicht vergessen – und sie hatte „vor uns" gesagt. Es gab etwas jenseits der Trauer, auf das ich mich freuen konnte. Ich sah ihr hinterher, bis ihre Laterne von der Dunkelheit verschluckt wurde.

Der Übermut meiner Freunde, die glaubten, mit mir eine besondere Auszeichnung feiern zu können, war schnell gedämpft. Wir tranken noch einen Becher Wein, um die Kälte zu vertreiben, und hüllten uns dann im Zelt in unsere Decken und Pelze.

In dieser Nacht fand ich keinen Schlaf, denn der plötzliche und endgültige Verlust des Vaters machte mir schmerzhaft bewusst, wie wenig wir Menschen Herren über unsere Geschicke waren.

Die persönlichen Beweggründe der Kreuzfahrer

Die wirtschaftliche und soziale Situation, die in Europa gegen Ende des 11. Jahrhunderts herrschte, trug dazu bei, dass sowohl beim Adel als auch bei den einfachen Leuten die Bereitschaft zur „bewaffneten Pilgerfahrt" nach Paläs-

Die Beute wird aufgeteilt; Darstellung aus dem 15. Jahrhundert

tina groß war. Weite Teile des Landes waren noch von Mooren und Urwäldern bedeckt. Die landwirtschaftliche Nutzfläche war recht klein und die damalige Form der Bewirtschaftung brachte nur geringe Erträge. Der Lebensstandard der einfachen Leute war sehr niedrig. Beim niedrigen Adel war er kaum besser. Von der Teilnahme am Kreuzzug erhofften sich viele, zu Wohlstand zu gelangen, zumal durch die wenigen Fernkaufleute Gerüchte über den sagenhaften Reichtum des Orients nach Europa gelangten: Wer siegte, der konnte unbegrenzt Beute machen.

Hinzu kam das Versprechen vieler Prediger, sich durch den Kampf gegen die Heiden von den eigenen Sünden loskaufen und das Paradies gewinnen zu können. Diese Aussicht übte auf die Zeitgenossen eine ungeheure Anziehungskraft aus. Durch Naturkatastrophen, Missernten, Seuchen und den ständigen Unfrieden durch die Fehden glaubten viele, der Weltuntergang und das Jüngste Gericht stünden dicht bevor – wehe denen, die dann noch ein großes Sündenpaket schultern mussten! Ihnen drohte die ewige Verdammnis in der Hölle. Auch wenn niemand genau wusste, was ihm dort bevorstand, gab es doch keinen, den diese Vorstellung nicht entsetzte.

Die Kreuzfahrt beginnt

Noch vor Morgengrauen brachen wir auf und an einem eisigen Dezembertag kurz vor dem Fest der Geburt unseres Herrn Jesus Christus kamen wir zu Hause an. Die bittere Kälte hatte ihr Schlechtes und ihr Gutes: Man hatte den Boden nicht aufgraben können, um meinen Vater zu bestatten; andererseits hatte die Verwesung seinem Körper noch nichts anhaben können.

Sofort nach meiner Ankunft ging ich daher in die winzige Kapelle, die zu Burg Authier gehörte. Dort hatte man den Herrn der Burg aufgebahrt. Der Tod hatte ihn bisher wirklich noch kaum verändert, nur blass war er und die Wangen waren eingefallen, sodass sein Gesicht hagerer und älter wirkte, als ich es in Erinnerung hatte.

Solange ich die Kälte zu ertragen vermochte, blieb ich bei seinem sterblichen Leib sitzen und betete für seine unsterbliche Seele. Er war ein Vater gewesen, wie man ihn sich nur wünschen konnte: ein Vorbild in allen Dingen, streng und gerecht, dabei immer barmherzig gegenüber den Schwachen, Armen und Kranken, ein tapferer Kämpfer und gottesfürchtiger Mann.

Schließlich gab ich Befehl, dass man nicht warten solle, bis das Wetter es zuließe, um ihn unten im Dorf auf dem Kirchhof zu bestatten. Vielmehr ließ ich einen steinernen Sarg anfertigen und ihn mit den sterblichen Überresten meines Vaters an der

Seitenwand der Kapelle einmauern. Mochte er dort in Frieden ruhen, bis die Zeit der Auferstehung kommen würde!

Ich will nicht berichten, wie wir die Zeit der Trauer verbrachten, wie ich meine Mutter und meine Schwester tröstete und mein väterliches Erbe antrat, das alles durfte ohnehin nur wenige Monate in Anspruch nehmen.

Sobald ich das Allernotwendigste geregelt hatte, begann ich, mich auf den geplanten Zug nach Jerusalem vorzubereiten.

Mutter und Schwestern versuchten, mich mit vielen Worten von meinem Vorhaben abzubringen. Meine erste Pflicht sei es, so sagten sie, das väterliche Erbe zu verwalten.

Ich tat ihre Bitten und Vorhaltungen als Weibergeschwätz ab. Hätte ich das Gott, dem Herrn Papst und meinem Herrn Gottfried gegebene Gelübde brechen können? Ging nicht der Dienst für Gott allen anderen Pflichten vor?

Zunächst galt es, meine Ausrüstung – und die Acelins, denn er sollte mein Knappe sein, der für mich sorgte und meinen Leib, wenn es nötig war, mit dem seinen deckte – zu vervollständigen. Schon das war mit großen Schwierigkeiten verbunden. Denn um für die Fahrt, die Jahre dauern mochte, gerüstet zu sein, benötigten wir mindestens fünf Pferde, und zwar erstklassige Tiere, die langen Ritten, Hitze und Kälte, vor allem aber den Anforderungen des Kampfes gewachsen waren: Pferde, die nicht scheuten, wenn ein anderes in vollem Lauf auf sie zugaloppierte, die nicht zusammenbrachen, wenn ein Schwert-

hieb
ihre Flanke
streifte, die den
infernalischen Krach des
Schlachtfeldes und den Geruch nach Blut ertrugen.
Doch es waren gerade einmal drei unserer Tiere, die solchen
Ansprüchen genügen konnten.

Im nahe gelegenen Kloster St. Hubert gab es Pferde genug:
wohlgenährt, kräftig, ausdauernd, von bester Rasse. Aber es
würde mich nicht wenig kosten, sie zu erwerben.

Lange und zäh verhandelte ich mit dem Abt, dessen Liebe zu
Gott noch von der Leidenschaft, den Besitz seines Klosters zu
mehren, übertroffen wurde. Gold und Silber besaß ich kaum;
daher konnte ich dem Abt nur einen Teil meiner Besitzungen
abtreten. Schließlich verpfändete ich ihm zwei Dörfer mit den
dazugehörigen Feldern, ein großes Stück Wald und etliche rei-

che Fischwässer auf fünf Jahre, mit dem Nießbrauch* an allen darauf liegenden Abgaben. Mehr konnte ich ihm nicht geben, ohne meine Mutter und meine Schwestern in Not zu bringen. Nach meiner Rückkehr von den heiligen Stätten, an denen ich, davon war ich überzeugt, Gold, Silber und edle Steine im Überfluss erbeuten würde, sollte ich meinen Besitz wieder auslösen können.

Dafür erhielt ich drei kräftige Pferde, die den Anforderungen wohl gewachsen sein würden. Auch machte ich mit ihm aus, dass er mir in den Werkstätten des Klosters binnen Monatsfrist zwei Schwerter und zwei Streithämmer, vier Lanzen, zwei Schilde und zwei Helme fertigen lassen würde.

Acelin und ich würden gut gerüstet in den Kampf ziehen! Während wir auf die Fertigstellung unserer Waffen warteten, übten wir uns täglich viele Stunden lang trotz Kälte, Wind und Schnee in unseren Fertigkeiten.

Dabei zeigte sich mir Acelin in mancher Hinsicht überlegen, obwohl er der Knappe und ich der Ritter war. Wenn wir unseren Pferden die Sporen in die Seite stießen und aufeinander zugaloppierten, mit der rechten Hand die in ihrem Schuh am Steigbügel steckende Lanze umklammernd, mit dem linken Arm den Schild zur Abwehr des Stoßes vor den Körper haltend, dann traf er mich oft so mächtig, dass ich aus dem Sattel geworfen wurde. Auch beim Schwingen des Streithammers war er schneller und treffsicherer als ich und ich konnte die Blutergüsse nicht zählen, die ich abends mit Arnikasalbe* einrieb.

Den Schwertkampf wiederum, in dem mich mein Herr in Chassilon gedrillt hatte, beherrschte ich besser als er und besiegte ihn dabei regelmäßig.

Wir übten jedoch zäh und verbissen weiter, bis wir in allen Arten des Kampfes nahezu gleichwertig waren.

Dabei lernte ich Acelin mehr und mehr schätzen. Nie zeigte er Schadenfreude, wenn er mir überlegen war. Er feuerte mich an, wenn ich erschöpft war, und munterte mich auf, wenn ich, meines Vaters gedenkend, traurig war.

Er wurde im Lauf der Wochen, die wir in Authier blieben, vom Diener zum Freund und ich beschloss, ihm trotz seiner niedrigen Herkunft als Sohn eines unserer Waffenknechte zum Ritterstand zu verhelfen, sobald sich die Gelegenheit dafür bot.

Über alldem war es Frühling geworden und damit Zeit, die Herrschaft meines Vaters, die nun die meine war, zu verlassen. Unsere Waffen waren geliefert worden, zahllose geschickte Hände hatten unsere Ausrüstung gefertigt, die Verpfändung des Landes war besiegelt, für die Frauen war gesorgt. Am Tag des heiligen Chrodegang* umarmte ich meine Mutter und meine Schwestern, die ich der Obhut des Abts des Klosters St. Hubert empfohlen hatte, dann brachen wir auf: Acelin und ich zu Pferd, ein Knecht auf einem Gaul, der von den schlechten noch der beste war, mit drei kräftigen Tieren im Schlepptau, hochgerüstet und mit allem versehen, was wir für die weite Fahrt in das unbekannte Land zu benötigen glaubten.

Als wir Bouillon erreichten, trauten wir unseren Augen kaum. Eine gewaltige Menge von Menschen hatte sich auf dem Land vor der Burg niedergelassen: Hunderte von schwer bewaffneten Rittern waren es, mit Pferden, Dienern und Tross*. Dazu war auch das übliche fahrende Volk gekommen, Gaukler und Spielleute in grellbunten Gewändern, Bader und Zahnreißer, Frauen, die ihre Liebesdienste feilboten.

Soweit das Auge reichte, waren an den Ufern der Semois Zelte aufgeschlagen, von denen bunte Wimpel flatterten. Auf ihren Seitenwänden leuchtete, wie auch auf den Mänteln vieler

Kämpfer, rot das Zeichen des Kreuzes. Überall brannten Feuer, mit denen die künftigen Kreuzfahrer der Märzkälte zu trotzen hofften, unter behelfsmäßigen Unterständen standen Pferde, aus deren Nüstern der Atem wie weißer Rauch in die kalte Luft dampfte.

Unterhalb der Burg hatte Herzog Gottfried mächtige Feuerstellen errichten lassen, auf denen Hühner und Hälften von Schweinen, Rindern und Schafen brieten; in riesigen Kesseln brodelten Suppen, dampften Bier und gewürzter Wein.

Eine Woge von Freude und Begeisterung überschwemmte mich, als ich das Lager und sein buntes Treiben vor mir sah. War es nicht das größte Glück, mit all diesen Gefährten ein großes Ziel gemeinsam zu haben, im Dienst Gottes?

So groß war das Lager, dass wir eine ganze Weile brauchten, bis wir meine Freunde Gilbert und Patrick gefunden hatten. Sie saßen am Feuer und aßen und tranken. Freudestrahlend sprangen sie auf, als sie uns erblickten, und umarmten uns zur Begrüßung. Anschließend halfen sie uns, unser Zelt aufzustellen.

„Gott möge es mir verzeihen", sagte Patrick, als wir alle um die wärmende Flamme hockten und einen Krug mit Wein kreisen ließen, „ich habe mein Gelübde getan, um die Heidenbrut zu verjagen und Christus, unserem Herrn, sein Land zurückzugeben. Aber jetzt würde ich mein Gelübde schon allein deshalb erneuern, weil es sich hier so gut leben lässt. Herzog Gottfried weiß, wie man Männer bei guter Stimmung hält, und er lässt sich wahrhaftig nicht lumpen."

Sie hatten einen Teil ihrer Zeit nicht viel anders verbracht als wir die unsere und im Schweiß ihres Angesichts ihren Körper gestärkt.

Aber sie hatten auch in den Wäldern der Ardennen Hirsche hochgemacht und gejagt oder mit Falken den scheuen Schneehühnern nachgestellt. Und sie hatten gezecht, geprügelt und gehurt.

„Trotzdem", schloss Gilbert nachdenklich, nachdem er ausführlich von einer Liebesnacht mit einer Schönen aus dem Süden erzählt hatte, „es wird Zeit, dass wir aufbrechen. Wir haben ein gutes Leben hier – aber wozu sind wir nütze? Ich möchte endlich mein Gelübde erfüllen, so, wie andere es bereits erfüllt haben."

„Was für andere?", fragte ich neugierig. In Authier hatten wir keinerlei Neuigkeiten erfahren. Wie auch? War doch wegen des strengen Winters nicht einmal ein fahrender Händler in die Abgeschiedenheit unserer Burg gekommen.

„Bald nach dem Aufruf des Herrn Papstes, so heißt es, hat ein Einsiedler namens Peter überall in Lothringen gepredigt, dass jeder die ewige Seligkeit gewänne, der ihm nach Jerusalem folge …"

Gilbert grinste. „Die ewige Seligkeit – und Milch und Honig, was das irdische Leben betrifft. Zu Tausenden sollen sie ihm nachfolgen, Bauern, Städter, fahrendes Volk, Lumpengesindel aller Art."

„Und wie wollen die Jerusalem befreien? Wollen sie etwa ihre Ochsenfiesel* schwingen?"

„Was weiß ich", erwiderte Gilbert achselzuckend. „Immerhin waren sie stark genug, um an etlichen Orten die Juden totzuschlagen. Wo die Juden sind, da ist Geld, und wo Geld ist, da kann man sich Waffen beschaffen. Wie auch immer, es wurmt mich, dass das Lumpenpack vor mir im Heiligen Land sein soll. Es wird höchste Zeit zum Aufbruch!"

„Nur nicht gar so eilig!" Patrick warf eine Speckschwarte, an der er genagt hatte, ins Feuer und sah zu, wie sie auflohend verbrannte. „Warum sollen wir so schnell aufbrechen, wenn wir doch für sehr, sehr lange, vielleicht für immer fortbleiben?"

Er sei, berichtete er, am selben Tag zufällig Zeuge eines Gesprächs zweier Domherren* aus Lüttich gewesen. „Sie haben sich darüber unterhalten, dass unser Herr Gottfried sein gesamtes Eigentum an den Bischof verkauft und verpfändet habe."

„Das ist doch nichts Besonderes", meinte ich. „Auch ich habe einen Teil meiner Güter verpfändet – wovon hätte ich sonst meine Pferde und meine Waffen bezahlen sollen?"

„Einen Teil ja – das haben wir wohl alle. Aber alles? Und Teile davon nicht verpfändet, sondern verkauft?"

Das war allerdings seltsam. Wollte der Herzog wirklich für immer in Palästina bleiben? Wann endete dann unser Gelübde? Und vor allem ... „Was wird dann aus Marguerite?", fragte ich so beiläufig wie möglich.

„Seiner Nichte? Davon habe ich gehört. Sie geht ins Kloster Malmedy; auch ihr Bruder ist bereits in der Klosterschule – so hat es der Herzog verfügt."

Ich starrte ins Feuer und hoffte, dass niemand bemerkte, wie sehr mich die Nachricht getroffen hatte.

Denn wenn sie auch einem höheren Stand angehörte als ich selbst, hatte ich doch insgeheim gehofft, sie vielleicht nach meiner Rückkehr als meine Frau mit nach Authier nehmen zu können ... Ruhm und reiche 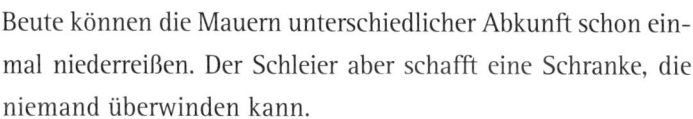 Beute können die Mauern unterschiedlicher Abkunft schon einmal niederreißen. Der Schleier aber schafft eine Schranke, die niemand überwinden kann.

Und sollte unsere Fahrt wirklich eine Reise ohne Wiederkehr sein? Würde der Herzog das, was er für sich selbst beschlossen hatte, auch von seinen Gefolgsleuten fordern? Sollte ich die Wälder, die Berge und Seen meiner Heimat, die Menschen, die in der Herrschaft Authier lebten, nie mehr wiedersehen?

Acelin, der mich am besten kannte, merkte, was in mir vorging. Später, als wir, um uns die Beine zu vertreten, einen kleinen Lauf am Ufer der Semois machten, sagte er: „Ihr grübelt zu viel, Herr. Ihr habt zu Hause alles wohlgeordnet und Mädchen, die Euch gefallen, werdet Ihr noch öfter finden. Wir haben ein Gelübde abgelegt, Herr, habt Ihr das vergessen? Wir haben geschworen, Gott zu dienen und die Heiden aus dem Heiligen Land zu vertreiben. Das allein zählt und das allein soll unser Leben ab jetzt bestimmen!"

Die Lumpenkreuzzüge

Religiöser Eifer, tief sitzende Ängste vor der Verdammnis, Beutegier und Lust an brutaler Gewalt waren die Ursachen für einen seltsamen Zug, der lange vor den Rittern unter Gottfried von Bouillon und den anderen militärischen Führern ins Heilige Land aufbrach.

Religiöse Fanatiker wie der Einsiedler Peter von Amiens heizten in ihren Predigten die Stimmung so auf, dass ihnen die Leute in Scharen zuliefen: Viele von ihnen waren solche, die in der mittelalterlichen Gesellschaft ganz unten standen: Arme, Außenseiter und Unfreie, aber auch Diebe, Räuber und Mörder. Ihre Anführer waren meist star-

Peter von Amiens: Buchmalerei aus dem 13. Jahrhundert

ke, aber auch skrupellose Persönlichkeiten. Mehrere Scharen machten sich schon zu Beginn des Jahres 1096 von Lothringen und der Champagne aus in Richtung Osten auf den Weg. Sie hinterließen eine blutige Spur, denn sie raubten, plünderten und mordeten überall dort, wo ihnen kein Widerstand entgegengesetzt wurde.

Schreckliches richteten sie vor allem unter vielen jüdischen Gemeinden in Deutschland an. Sie betrachteten die Juden als Heiden im eigenen Land. Außerdem hofften sie auf Beute, weil manche Juden als Geldverleiher tätig waren, was den Christen verboten war. So führten religiöses Eifertum, Habgier und entfesselter Blutdurst zu Massakern, denen Tausende Juden zum Opfer fielen.

Plündernd, brandschatzend und vergewaltigend zogen die Horden weiter nach Ungarn und, soweit sie nicht von ungarischen Truppen niedergemacht wurden, weiter bis auf byzantinisches und türkisch-seldschukisches Gebiet, wo sie schließlich bis auf wenige Ausnahmen von einer seldschukischen Streitmacht niedergemetzelt wurden.

Der Schrecken, den die Marodeure* verbreitet hatten, führte dazu, dass auch die Kreuzfahrerheere überall nur mit Misstrauen empfangen wurden.

Zug des Verderbens

Hoch oben auf den Mauern der Burg von Bouillon standen die Herolde und bliesen mit ihren Hörnern und Trumeten* ihre Botschaft in die warme Sommerluft hinaus: Aufbruch! In weniger als zwei Stunden würde es so weit sein!

Unter ihnen, an den Ufern der Semois, wimmelte es wie auf einem Ameisenhaufen. Zelte wurden abgebaut, Unterstände abgerissen, Pferde versorgt, bepackt oder gesattelt. Auf der Straße unweit des Flusses bewegte sich aus beiden Richtungen ein schier endloser Zug auf das Lager zu: Karren und Lasttiere mit Hartbrot, getrockneten Speckseiten, gedörrtem Fisch, Trockenfrüchten, Mehl und Fett: Der Lehnsherr, Herzog Gottfried, ließ verteilen, was sein Land hergab.

Acelin und ich hatten uns mit allen Pferden und dem Gepäck schon aus dem allgemeinen Gedränge gelöst und warteten ein

Stück abseits vom Lager auf Patrick und Gilbert mit ihren Knappen.

Schließlich kamen sie, jeder mit einem großen Trinkschlauch bepackt.

„Meine größte Sorge ist", rief Patrick und hob den tropfenden Schlauch von den Schultern, „dass wir bei der verfluchten Hitze nicht genug zu trinken haben! Schaut her, den habe ich gerade aus dem Fluss geholt!"

Er band ihn auf und goss uns die bereitgehaltenen Becher voll.

Schweigend standen wir eine Weile in der Morgensonne, genossen das kühle, säuerliche Bier und hingen unseren Gedanken nach.

Jetzt, da der lang ersehnte Tag endlich gekommen war, hatte der Überschwang bei uns allen nachgelassen. Auch mich hatte die Furcht vor dem Ungewissen gepackt.

Als ob er meine Gedanken erraten hätte, sagte Gilbert in unser Schweigen hinein: „Gott hat uns im Überfluss leben lassen. Jetzt fordert er den Preis dafür." Er blickte zur Burg hinauf. „Da, der Herzog kommt!"

Vom Burgweg herab schritten in feierlicher Prozession die höchsten Würdenträger des Herzogtums. Voerneweg Herzog Gottfried mit dem Bischof von Lüttich, seinem Bruder Balduin und seinem Beichtvater an der Seite, hinter ihnen die Äbte und Hochfreien, schließlich etliche Ritter, die dem Herzog als Berater nahestanden, und eine Anzahl Mönche aus den Klöstern der Umgegend. An einer Stelle erweiterte sich der Weg zu einem breiten Plateau mit niedriger Brüstung. Dort machten sie halt und der Bischof zelebrierte die Messe.

Unter den Fahrenden kehrte völlige Ruhe ein, jeder hielt inne und sah zu den Feiernden hinüber. Als der Gesang der Mönche herüberscholl, senkte jeder das Haupt, als der Herzog demütig niedersank, um den Leib Christi zu empfangen, sanken auch alle Fahrenden auf die Knie.

Am Ende des Gottesdienstes wandte der Bischof sich uns zu und segnete uns. Anschließend trat der Herzog an die Brüstung. Plötzlich wurde die Stille gespannt und atemlos. Dann scholl es zu uns herunter, laut und weithin hallend:

„Gott will es!"

Alle Zweifel, alle trüben Gedanken waren wie weggeblasen. Wir klatschten, brüllten und jubelten, so wie alle anderen auch. Herzog Gottfried würde uns von Sieg zu Sieg führen und Gott würde uns jede gewonnene Schlacht lohnen!

Langsam, ganz langsam formierte sich der schier endlose Zug. Vorneweg ritt der Herzog mit seinem Bruder, seinen Freunden und Beratern, dann folgten die Ritter mit ihren Knappen, darunter auch meine Gefährten und ich. Manche der Herren hatten auch ihre Frauen, einige sogar ihre Kinder mitgebracht, auch sie ritten in der Reihe der gepanzerten Kämpfer. Hinter ihnen lief in geordneten Reihen das Fußvolk, die Bogenschützen und Speerkämpfer, wohl drei- oder viermal so groß wie die der Ritter war ihre Zahl. Danach kam, in quirligem Durcheinander, der Tross: Die Schmiede und die Zimmerleute, das waren die Wichtigsten, denn keine Belagerung konnte ohne sie gelingen. Dann Diener, Händler mit ihren Karren, Wundärzte und Bader, in deren Wagen sich nicht nur Tinkturen und Salben, sondern auch etliche Dutzend willfährige Mädchen befanden, dazu Spielleute, Sänger, Gaukler.

Den Schluss
des Zuges bil-
dete die Nachhut,
Späher zu Fuß und
zu Pferd.
Wieder schallten die Tru-
meten, dröhnten die Hörner,
während sich die Spitze des
Zuges in Marsch setzte. Alle
Ritter hatten, dem Beispiel
des Herzogs folgend, die
Helme aufgesetzt, sodass
die farbenprächtigen Helm-
zieren in der Sonne leuchteten.

In langsamem Schritt bewegten sich unsere Tiere vorwärts; an
einer Biegung der Straße, die dem Fluss folgte, sah ich mich
noch einmal um und warf einen letzten Blick auf die Burg. Ohne
dass ich es gewollt hätte, kam mir Marguerite in den Sinn.
Ich hatte sie noch einige Male gesehen und freundlich und höflich mit ihr geplaudert, wie es sich für einen Ritter geziemte.
Aber so nahe wie vor unserem letzten Abschied waren wir uns
nicht mehr gekommen. Zwar war das Gefühl des süßen Schmer-
zes, das ich bei unseren ersten Begegnungen empfunden hatte, jedes Mal wiedergekehrt. Aber ich hatte ihm nicht erlaubt,
von mir Besitz zu ergreifen, sondern es ganz tief in mein In-
nerstes verbannt. Jetzt war Marguerite schon seit einigen Wo-

chen Novizin* und in einem Jahr, nach den ewigen Gelübden, wäre sie der Welt für immer entzogen. So sollte es sein, so hatte es der Herzog, ihr Vormund, befohlen.

Ich wandte mich wieder meinen Gefährten zu und erkundigte mich bei ihnen nach dem Weg, den wir nehmen würden. Bis auf die Fahrt nach Clermont, die mir schon unendlich weit erschienen war, war ich noch nie über das Lehen meines Herrn Gottfried hinausgekommen.

Sie kannten ihn so wenig wie ich. Nur so viel war als Gerücht zu ihnen gedrungen, dass der Herzog beschlossen hatte, Jerusalem auf dem Landweg zu erreichen. Das sei zwar länger, aber weniger gefährlich.

Aber wohin mussten wir uns wenden? Gab es nicht riesige Wälder, unpassierbare Sümpfe, unüberwindliche Berge auf unserem Weg?

Meine Gefährten lachten über meine Wissbegier. „Geht es nicht vorwärts?", fragte Patrick. „Herzog Gottfried wird den Weg schon wissen. Mach dir Gedanken, wenn plötzlich alles stehen bleibt. Bis dahin aber reit einfach voran – und trink einen Schluck, solange das Bier noch kalt ist!"

Erst später erfuhr ich, dass wir in Richtung der aufgehenden Sonne ritten. Der Herzog hatte ein Pergamentblatt bei sich, das er wie einen Schatz hütete. Wallfahrer hatten darauf alle Stationen ihres Weges ins Heilige Land aufgezeichnet. Doch allein damit hätten wir unser Ziel nicht gefunden. Es gab für jede Strecke kundige Führer, die uns den Weg wiesen und auch dafür sorgten, dass wir am Abend eine Fläche erreichten, auf der wir lagern konnten.

Die Sonne stieg höher und höher, kein Lüftchen regte sich, keine Wolke schob sich vor die glühende Scheibe, die auf uns herniederbrannte. Je ärger die Hitze wurde, umso ruhiger wurde es um den Zug. Die Gespräche verstummten; wir mieden jedes überflüssige Wort. Nur die Pferde wieherten, Hufe klackerten, Stiefel knirschten im Sand, auf den Packpferden klapperten Gefäße.

Meine Freunde und ich und, soweit ich sehen konnte, alle, die um uns herum waren, hatten längst die Helme abgenommen und die Kettenkapuzen zurückgeschlagen – auch so lief allen der Schweiß in Strömen vom Gesicht.

Zur Mittagszeit, in der flirrenden Hitze, hatte ich plötzlich eine Vision von erschreckender Klarheit und Deutlichkeit: Ich sah uns alle, unter sengender Sonne, zu Tode ermattet und am Ende unserer Kräfte. Mühsam schüttelte ich die trüben Gedanken ab. Aber es dauerte den restlichen Tag, bis die Niedergeschlagenheit von mir wich.

Es schien indes, als wäre es der Teufel gewesen, der versucht hatte, mir den Mut zu nehmen. Denn der erste Teil unserer Fahrt verlief ohne jeden Zwischenfall. Wir zogen durch Lothringen, dann rheinaufwärts bis Speyer, durch Franken und Baiern nach Regensburg und flussabwärts an der Donau entlang. Zu Beginn des Monats Oktober erreichten wir die Grenzen eines

Königreichs, in dem, wie wir von unseren Führern erfuhren, die Ungarn lebten, ein Volk, das sich noch nicht allzu lange, aber mit desto größerem Eifer und innigerer Hingabe zu unserem Herrn Jesus Christus bekannt hatte.

Die meisten von uns hätten wohl gar nicht bemerkt, dass wir das Gebiet des Deutschen Reiches verlassen hatten – seit Tagen dehnte sich das Land endlos und flach vor unseren Augen und wir hatten nichts weiter zu tun, als gemächlich dem Lauf der Donau zu folgen.

Doch an diesem Abend, kaum dass wir unser Lager aufschlagen wollten, näherte sich uns in fliegendem Galopp ein Reitertrupp, zwei Dutzend Männer, schwer gerüstet, mit Bögen in der Hand, auf denen schussbereit die Pfeile lagen.

Mit allerlei Gesten und Lauten gaben sie uns zu verstehen, dass wir uns nicht von der Stelle zu rühren hätten und dass wir ihnen einen von uns als Geisel mitgeben sollten.

Der Herzog, der die Fremden von seinen friedlichen Absichten überzeugen wollte, befahl seinem Bruder Balduin von Boulogne, sie als Geisel zu begleiten. Auch schickte er einen seiner geistlichen Berater mit, der fließend Lateinisch sprach und die Verhandlungen führen sollte.

Wir selbst, so befahl er uns, sollten vorerst das Lager nicht verlassen; wir fügten uns gern, denn wir konnten eine Ruhepause gut gebrauchen.

Nach einigen Tagen kam eine Anzahl prächtig gekleideter Würdenträger, um mit Gottfried über unseren Durchzug durch das Land der Ungarn zu verhandeln; Balduin war als Geisel in einer nahen Residenz des Königs geblieben.

Einer der Gesandten, ein hoher Geistlicher, führte die Verhandlungen auf Latein. Gottfried gab seiner Verwunderung über den unfreundlichen Empfang Ausdruck.

Das sei leicht zu begreifen, erklärte der Gesandte. Vor wenigen Monaten sei hier eine Horde von mehr als tausend verbrecherischen Männern durch das Land gezogen und hätte überall prahlend verkündet, sie würde die Stadt, in der unser Herr Christus gewirkt habe, vom Abschaum der heidnischen Hunde befreien. „Dabei waren sie selber Abschaum und Hunde", sagte der Gesandte verächtlich, „kein Stück Vieh war vor ihrem Heißhunger, keine Frau vor ihrer Geilheit sicher, brennend und plündernd haben sie Angst und Schrecken verbreitet, bis wir mit Bogen und Schwert ihre Zahl ordentlich vermindert und dann den Rest davongejagt haben."

Sein König wolle uns natürlich nicht mit dieser Bande von Gesetzlosen vergleichen, fuhr er fort, aber er müsse dennoch vorsichtig sein. Wenn unser Anführer bereit sei, seinen Bruder in des Königs Hand zu lassen, bis das ganze Heer das Land durchquert habe, dann werde er nicht nur Frieden halten, sondern uns sogar Verpflegung bringen lassen.

Natürlich stimmte Herzog Gottfried zu, war es doch nicht unser Ziel, gegen unsere christlichen Glaubensbrüder einen grundlosen Krieg zu führen.

Schon bald erwies sich sein Entschluss als richtig. Der König hielt, was sein Gesandter versprochen hatte, wir wurden einfach, aber reichlich verköstigt und konnten das Land der Ungarn unbehelligt durchqueren.

Zum Dank und um die Kreuzfahrer von dem üblen Leumund* zu befreien, den ihnen die verbrecherischen Horden verschafft hatten, hielt der Herzog auf strengste Disziplin. Zwei Männer aus dem Fußvolk, die einem armen Bauern ein paar Hühner gestohlen hatten, ließ er ohne Erbarmen aufknüpfen. Von da an kam es zu keinem Zwischenfall mehr. Als wir die Grenzen des Ungarischen Reichs hinter uns gelassen hatten, stieß Balduin wieder unversehrt zu uns.

Ohne dass wir mehr zu ertragen gehabt hätten als die Unbequemlichkeiten der Reise und die Launen des Wetters, erreichten wir kurz vor dem Geburtstag unseres Herrn Jesus Christus im Jahr 1096 die prächtige Stadt Konstantinopel, in der der griechische Kaiser Alexios residierte.

Wir hatten mit einem begeisterten Empfang gerechnet. Hatte nicht der Kaiser selbst den Papst um Hilfe gebeten? Wäre es da nicht angemessen gewesen, uns, die wir gekommen waren, ihn ein für alle Mal von dieser Geißel* zu befreien, mit Milch und Honig zu überschütten?

Stattdessen streiften überall Herolde umher, die uns verkündeten, wie wir uns zu benehmen, was wir zu tun und zu lassen, wo wir auf keinen Fall hinzugehen hätten. Am Abend kam gar ein Bote des Kaisers, der von Herzog Gottfried verlangte, er solle Alexios einen Treueeid leisten, sonst würden wir überhaupt keine Lebensmittel erhalten. Wir alle konnten es nicht begreifen. Empfing man so seine Befreier?

Es sprach für die Friedensliebe und die edle Gesinnung unseres Herrn, dass er, wenn auch nach langem Zögern, einwilligte und dem Kaiser Treue und Gehorsam schwor. Von da an hatten wir keine Not zu leiden und bekamen alles, was wir brauchten.

In den Wochen und Monaten nach unserer Ankunft trafen immer wieder neue Heere ein, die auf den verschiedensten Wegen hierher gelangt waren.

Jetzt, als am Ufer des Goldenen Horns* in endlosen Reihen die Kreuzfahrer lagerten mit Tausenden von Pferden, Wagen und Zelten, verstanden wir allmählich, warum der Kaiser uns mit so wenig Freude empfangen hatte und von jedem der ankommenden Fürsten den Treueeid verlangte.

Auf ein paar Hundert gewappnete Kämpfer hatte er gehofft, viele Tausende waren gekommen – er fürchtete, dass die Helfer zu Angreifern würden und dass ihn die ungeheure Menge hungriger Männer und Pferde auf Jahre hinaus all seiner Vorräte berauben würde.

Nun, wer laut schreit, der muss sich nicht wundern, wenn ihm geantwortet wird. Uns waren seine Sorgen herzlich egal, solange wir satt zu essen hatten. Und wie auch immer der Kaiser es anstellte, er schaffte es, alle Mäuler zu stopfen.

In den Monaten, in denen wir am Goldenen Horn lagerten, ging es uns gut – so gut, als hätte Gott uns im Vorhinein für die Entbehrungen und Leiden, die auf uns warteten, entschädigen wollen.

Trotzdem kam es uns schon bald vor, als würden sich die Tage endlos dehnen. Die hohen Herren verhandelten über die bevorstehenden Feldzüge, wir aber wollten endlich kämpfen! Und je länger wir warten mussten, umso gereizter wurde die

Stimmung im Lager. Aus nichtigem Anlass gab es Auseinandersetzungen und Prügeleien, im Streit um eine Dirne wurde gar ein Mann erstochen. Als man den Täter daraufhin der Wache des Kaisers zur Hinrichtung übergeben wollte, griffen etliche aus dem Fußvolk zu den Waffen und es gelang ihren Herren nur mit Mühe, sie zu beschwichtigen.

So waren wir alle wie befreit, als endlich, endlich die Herolde überall im Lager verkündeten, der Tag des Aufbruchs sei gekommen. Der Herzog selbst suchte alle seine Ritter auf, um ihnen den Plan für die kommenden Feldzüge zu erläutern.

Als er zu uns kam, hockten wir gerade alle vor unseren Zelten und ölten, schliffen und polierten unsere Waffen. Wir machten das täglich, weil wir es für eine Geste der Kampfeslust hielten, vielleicht aber auch, um uns Mut zu machen.

„Es wird ernst, Ihr Herren", sagte der Herzog. „In wenigen Tagen werden wir auf die ersten Feinde stoßen. Gott hat uns unsere Aufgabe nicht leicht gemacht, denn die türkischen Heiden sind schon weit in das Reich des Kaisers von Byzanz vorgedrungen. Wir müssen sie erst vertreiben, bevor wir nach Syrien und Palästina und damit zu unserem eigentlichen Ziel vorstoßen können."

Er lächelte und wieder war es das Lächeln des geheimen Einverständnisses, das ich an ihm so liebte.

„Wenn Ihr so mutig und so stark seid, wie Eure Schwerter scharf sind, dann wird Palästina bald wieder das Land Gottes sein."

Groß und breitschultrig stand er vor uns, auf seinem Mantel

leuchtete das Kreuz. Sein Lächeln verschwand, er sah jedem von uns ernst in die Augen, hob grüßend die Hand und ging weiter. In diesem Augenblick wäre ich ihm überallhin gefolgt, und das galt für uns alle.

Wenige Tage nach unserem Aufbruch, im Mai des Jahres 1097, belagerten wir die Stadt Nikaia, die die Seldschuken erst vor 15 Jahren erobert und dann zu ihrer Hauptstadt gemacht hatten. Sie fiel ohne große Anstrengungen in unsere Hände.

Der schnelle Sieg stärkte unseren Mut, aber schon vor der nächsten Stadt stellte sich uns ein großes Heer des türkischen Sultans entgegen.

Wie grausiges Wolfsgeheul scholl uns ihr „Allahu akbar", „Gott ist groß", entgegen, während sie uns mit einem Hagel von Pfeilen überschütteten.

Blutigen Zins mussten wir ihnen an diesem Tag zahlen, doch schließlich gelang es zwei Trupps von Panzerreitern, bei denen auch meine Freunde und ich kämpften, sie in die Zange zu nehmen. Wir übertönten ihr Geschrei: „Gepriesen sei Gott, der einzige, der dreieinige Gott!", und ritten sie nieder, bis sie, ihre vielen Toten zurücklassend, die Flucht ergriffen.

An diesem Tag tötete ich drei Feinde und ich fühlte nichts als unbändigen Stolz.

Nach diesem Sieg, der uns alle in Hochstimmung versetzte, begann unser langer Marsch durch Anatolien.

Der Sultan, die verfluchte Seele, hatte, bevor er mit seinen Truppen abgezogen war, das Land in eine Ödnis aus Asche und Zerstörung verwandeln lassen. Statt erntereifer Felder fanden wir verwüstete Brachen vor, wo ehemals fruchttragende Bäume gestanden hatten, ragten nur noch verkohlte Stümpfe empor. Häuser und Höfe waren niedergebrannt, Brunnen zugeschüttet oder mit Tierkadavern vergiftet worden.

Während wir uns mühsam voranschleppten, brannte die Sonne mit unvorstellbarer Hitze wie ein Vorbote des Höllenfeuers vom Himmel.

Ständig plagte uns brennender Durst; bald trug jeder den Schlauch mit dem wenigen Wasser, das ihm noch geblieben war, vor sich auf dem Sattel und ließ die Augen nicht von ihm, weil er fürchtete, sein Nachbar könnte ihn ihm entreißen.

Kaum eine Menschenseele ließ sich blicken auf unserem Zug, und wenn doch einmal ein paar Reiter auftauchten, machten sie kehrt und gaben ihren Tieren die Sporen, sobald sie uns erspähten.

Zu plündern gab es nichts und zu kaufen auch nichts in diesem Land und so litten wir bald schreckliche Not. Zu Hunderten verreckten die Pferde; wir tranken ihr Blut und aßen ihr Fleisch und luden, was sie getragen hatten, den überlebenden auf, trugen es auf dem eigenen Rücken oder ließen es einfach liegen.

Doch nicht nur die Pferde waren den Strapazen des Marsches nicht gewachsen; auch viele Kämpfer, entkräftet und ausgezehrt, starben, ohne die Früchte eines Sieges genießen zu dürfen.

Fanden wir doch einmal ein Wasserloch, dessen Inhalt einem Pferd, das wir davon trinken ließen, nicht zu schaden schien, mussten wir Ritter es mit gezogenem Schwert umstellen. Sonst hätten viele einander umgebracht in ihrer Gier, ihren unerträglichen Durst zu stillen.

Dass wir in unserer Not nicht wie Todfeinde übereinander herfielen, lag an dem Hass, der uns einte, dem Hass und der Wut auf die ungläubigen Hunde und ihren Gott, die wir für unser Elend verantwortlich machten.

Wie groß dieser Hass war und welche Kräfte er uns verlieh, zeigte sich, als sich uns Ende August noch einmal ein türkisches Heer entgegenstellte.

Obwohl wir völlig erschöpft und von Hunger, Durst und Krankheiten zermürbt waren, obwohl viele Ritter ihre Pferde verloren hatten und zu Fuß kämpfen mussten, ließen wir uns von der Übermacht der Feinde nicht schrecken. Wir griffen immer wieder wie wütende Wölfe an und erschlugen unzählige von ihnen.

Als sie schließlich ihr Heil in der Flucht suchten, schrien wir ihnen hasserfüllt nach: „Nun kräht euer *Allahu akbar,* ihr ungläubigen Memmen, jetzt seht ihr, wie groß euer Gott ist!"

Von jener Schlacht an aber hielten wir uns für unbesiegbar, und sie begannen, uns zu fürchten.

Mit neuer Zuversicht wandten wir uns nach Norden, um den Pass zu überqueren, den die Griechen den Antitaurus nannten.

Doch schnell dämpften die Gewalten der Natur unseren Übermut!

Es war inzwischen Oktober geworden und an die Stelle der sengenden Hitze war strömender Regen getreten, aus dem, als wir ins Gebirge gelangten, dichter Schneefall wurde.

Erst hatten wir uns tagelang durch knietiefen Morast kämpfen müssen, dann ging es über Schnee- und Eisfelder.

Von den Pferden, die uns noch geblieben waren, stürzten viele, die von dem schmalen Pfad abkamen, in den Tod oder brachen sich die Beine, sodass wir sie töten mussten.

Niemand konnte mehr wagen, auf seinem Reittier sitzen zu bleiben. Trotz aller Vorsicht glitten viele aus, manch einer fiel in die gähnende Tiefe, bis sein Leib auf einen Felsen prallte und zerschmettert wurde.

Endlich hatten wir die verfluchten Berge überwunden; in der Stadt Germanikaia, wo viele Glaubensbrüder von uns lebten, wurden wir freundlich aufgenommen und rasteten ein paar Tage.

Doch bald brachen wir wieder auf und standen am 20. Oktober vor Antiochia in Syrien, der letzten großen Festung der Ungläubigen vor Jerusalem, der Stadt, in der Christus den Kreuzestod gestorben war.

Doch was war aus dem glänzenden, prächtig geschmückten Zug geworden, der vor 14 Monaten das Tal der Semois verlassen hatte!

Um mehr als ein Drittel waren unsere Reihen gelichtet, alle waren von Entbehrungen gezeichnet. Wie sollten wir die mächtige Festung bezwingen, die vor einem Jahrzehnt auch die Türken nur durch List und Verrat von den Byzantinern hatten erobern können?

Lange Zeit rannten wir vergeblich gegen die Mauern an und wieder gelang es nur mithilfe eines Verräters, in die Stadt einzudringen und sie schließlich zu erobern.

Nachdem wir alle waffenfähigen Bewohner gefangen genommen oder, wenn sie sich uns widersetzten, ohne Gnade getötet hatten, ließ der Rausch des Sieges uns alle Mäßigung vergessen: Wir stürmten jedes Haus, jeden Palast, jedes Lager und raubten und plünderten. Gold- und Silberschmuck, edle Steine, goldene Gefäße, Waffen, Sattelzeug, kostbare Gewänder, jeder raffte an sich, was er erbeuten konnte. Wir machten noch nicht einmal vor dem halt, was eigentlich unseren christlichen

Brüdern gehörte. Denn in den Kirchen, die die Ungläubigen entweiht hatten, befanden sich noch liturgische Gefäße und andere Kostbarkeiten: Wir raubten auch sie, als ob sie das Eigentum unserer Feinde gewesen wären.

Doch wie kurzlebig war unser Triumph und wie trügerisch unsere Zuversicht! Am zweiten oder dritten Tag, als wir uns gerade in der eroberten Stadt eingerichtet und die Bäuche mit den vorgefundenen Vorräten vollgeschlagen hatten, bliesen gellend die Trumeten von den Mauern: Alarm!

Als wir bestürzt zu den Waffen griffen und auf die Mauerkrone eilten, sahen wir ein riesiges Seldschukenheer vor der Stadt liegen. Aus siegreichen Belagerern waren wir nun zu Belagerten geworden.

Mancher von uns wäre in dieser Lage wohl verzweifelt und hätte sich vielleicht gar dem Feind und damit dem sicheren Tod ausgeliefert. Doch da ließ Gott, der Allmächtige, ein Wunder geschehen.

Am selben Tag nämlich verlangte ein Mann, der Knecht irgendeines Ritters, Peter mit Namen, den Bischof Adhemar von Puy, der vom Papst das Kreuz genommen hatte und unser geistlicher Anführer war, sprechen zu dürfen. Man wies ihn ab, doch er drängte so beharrlich und voll Eifer, dass man ihm schließlich nachgab und ihn vor den Bischof führte.

Adhemar, der sich schwach und elend fühlte, weil ihn ein heftiges Fieber gepackt hatte, empfing ihn mürrisch und kurz angebunden: „Was willst du?"

„Mir ist der heilige Andreas erschienen …"

„Ja, und?" Der Bischof konnte sich eine spöttische Bemerkung nicht verkneifen. „Hat er dir ein unfehlbares Mittel gegen die Seldschuken versprochen?"

„Ja, Herr, das hat er."

Adhemar wurde aufmerksam. „Nun rede schon, lass dir nicht jedes Wort aus der Nase ziehen!"

„Viermal ist er mir erschienen und jedes Mal hat er dieselben Worte gesprochen: ‚Trage die heilige Lanze, mit der einst dem Erlöser die Seite geöffnet worden ist, zu den christlichen Rittern, sie wird ihnen den Sieg bringen, denn wenn sie sie in der Schlacht mit sich führen, werden die himmlischen Heerscharen an ihrer Seite kämpfen!'"

Der Bischof lächelte müde. „Und – wo hast du sie, die heilige Lanze?"

Der Knecht hob demütig die Hände. „Ich bin zu gering, Herr, um eine so kostbare und heilige Waffe in die Hand zu nehmen, Euch allein gebührt die Ehre. Doch hat der Heilige mir den Ort verraten, an dem sie zu finden ist. Den will ich Euch gern nennen: Sie ist in der Petruskirche von Antiochia vergraben."

Weil er so eindringlich und voll aufrichtiger Überzeugung sprach, ließ der Bischof seinen Freund, den Grafen von Toulouse, und ein paar zuverlässige Gefolgsleute an den bezeichneten Ort schicken.

Die Männer ließen sich von Peter in die Kirche führen und begannen an der Stelle, die er ihnen bezeichnete, zu graben.

Stundenlang arbeiteten sie, ohne etwas zu finden, und nur die verzweifelte Beharrlichkeit Peters brachte sie dazu weiterzugraben.

Draußen dämmerte es bereits und in der Kirche sah man kaum noch die Hand vor Augen, da strahlte plötzlich am Himmel ein Stern auf, heller als der Mond, und tauchte auch den Kirchenraum in einen geheimnisvollen Schimmer.

Da gruben die Männer mit doppeltem Eifer, stießen auf etwas, gruben mit äußerster Vorsicht weiter – und starrten ehrfurchtsvoll auf die Lanze, die, in Leder eingehüllt, vor ihnen lag. Peter durfte sie aus ihrer Verpackung nehmen und reckte sie wie einen Fahnenmast empor. Sie war gänzlich unversehrt und an ihrer eisernen Spitze waren dunkle Flecken zu sehen: das Blut Christi!

Wie ein Lauffeuer verbreitete sich die Geschichte in der Stadt. Jeder eilte sofort in die Kirche und sah mit eigenen Augen die kostbare Reliquie*.

Die Stimmung schlug um: Aus dumpfer Verzweiflung wurde Begeisterung, aus Kleinmut rasende Kampfeswut.

Unsere Anführer wussten, die Lage klug zu nutzen. Zu allen Rittern kamen Boten mit dem Befehl, sich und ihre Männer bereitzuhalten: Gott hat euch die heilige Lanze finden lassen! Gott ist auf eurer Seite! Ausfall im Morgengrauen!

Alle, auch die Kranken und Verwundeten, rüsteten sich und warteten, begierig, gegen den übermächtigen Feind anzurennen und ihn zu vernichten.

Als die Sonne rot über den Horizont stieg, öffneten sich die Tore und die paar Hundert Ritter, die noch ein Pferd besaßen, preschten hinaus, meine Gefährten und ich waren unter ihnen. Alle anderen folgten uns zu Fuß.

Die Türken, sei es, dass sie von der Plötzlichkeit des Angriffs überrumpelt wurden, sei es, dass sie vor der Tollkühnheit der Christen zurückschraken, stürmten nicht sofort auf uns ein, sondern ließen uns Zeit, uns zu sammeln.

Dann, auf den weithin hallenden Schlachtruf des Herrn Gottfried hin, sprengten die Panzerreiter mit wildem Kriegsgeschrei auf den Feind ein: „Tod den Heiden, Gott will es! Tod den Heiden!"

Wie ein furchtbarer Sturm fuhren unsere Lanzen in die feindlichen Reihen und warfen Hunderte aus dem Sattel.

Patrick, Gilbert und ich ritten nebeneinander, unsere Knappen gaben uns Flankenschutz. Wir hatten die feindlichen Linien durchbrochen, wendeten die Pferde und galoppierten zurück. Wieder lichteten die Lanzen die Reihen unserer Gegner, doch Patricks und meine zerbarsten bei diesem zweiten Angriff. Wir schleuderten die nutzlosen Stümpfe fort, zogen unsere Schwerter oder rissen die Streithämmer aus dem Gürtel. Jetzt waren wir von Gegnern umgeben, sodass unsere Pferde sich kaum mehr von der Stelle rühren, nur noch tänzeln und sich drehen konnten. Wir lenkten sie mit Schenkeln und Sporen, schwangen im Rausch des Kampfes unsere Waffen.

Gegner auf Gegner fiel, einer schnitt mir im Fallen mit seinem Krummschwert eine tiefe Wunde in das rechte Bein. Ich spürte es kaum, schlug weiter um mich, während das Blut mir in die Stiefel tropfte.

Aus den Augenwinkeln sah ich, wie einer der Seldschuken, ein Fußkämpfer, neben Patrick den Speer hob. Ich stieß einen warnenden Schrei aus, ließ mein Pferd steigen und wendete es, doch ich kam zu spät.

Mit gewaltiger Kraft hatte der Feind die schwere Waffe geschwungen, die eiserne Spitze hatte Patricks Panzer durchschlagen und war tief in seine Seite gedrungen. Lautlos sank er vom Pferd.

Entsetzt sah ich ihn fallen, sah, wie fliehende Feinde über ihn hinwegtrampelten, wie ihn Pferdehufe trafen, wie sein Gesicht und sein Leib zu einer einzigen blutenden Wunde wurden.

Wenig später war die Schlacht vorüber, unser Sieg war vollkommen. Mein Gefährte Patrick aber war tot.

Die Beute, die wir im Lager der besiegten Türken machten, war gewaltig; nicht zuletzt konnten die überlebenden Ritter sich mit Pferden versehen, die weit besser waren als die unseren.

Niemand wagte es mehr, sich uns entgegenzustellen, als wir unseren Marsch fortsetzten.

Am siebten Juni im Jahr der Fleischwerdung unseres Herrn Jesus Christus 1099 standen wir vor den Mauern von Jerusalem. Und von denen, die vor fast drei Jahren zur Ehre Gottes aufgebrochen waren, war noch rund ein Viertel am Leben.

Der lange Weg nach Osten: die Reisewege der Kreuzfahrer

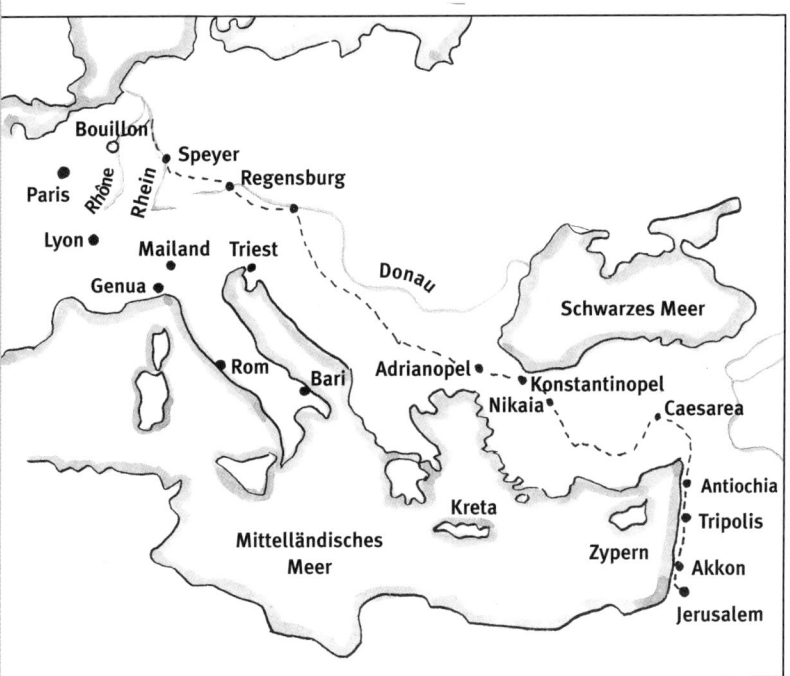

Dass die Fürsten, die dem Aufruf Papst Urbans II. folgten, nicht alle zur selben Zeit aufbrachen und nicht auf demselben Weg ins Heilige Land zogen, hatte verschiedene Gründe. Sie brauchten zum einen unterschiedlich lang, um die nötigen Finanzmittel und die nötige Ausrüstung aufzutreiben. Zum anderen konnten sie sich nicht einigen, wer auf einem gemeinsamen Zug den Oberbefehl hätte haben sollen. Zum Dritten, und das war wohl der entscheidende Grund, wussten sie, dass es umso schwieriger wird, ein Heer zu ernähren, je größer es ist. Man schätzt, dass sich am Treffpunkt Konstantinopel etwa 50.000 bis 60.000 Menschen einfanden, unter ihnen etwa 7.000 Ritter und höhere Adlige. Allein die schätzungsweise 20.000 Pferde, die mitgeführt wurden, benötigten pro Tag etwa 150 Tonnen Hafer und Heu. Eine solche Menge Menschen und Tiere durchzufüttern, war selbst für reiche Länder äußerst schwierig.

Deshalb reiste der Bruder König Philipps von Frankreich, Graf Hugo von Vermandois, von Frankreich aus über Lyon, Genua und Rom nach Bari, von dort aus per Schiff über die Adria nach Griechenland und weiter bis nach Konstantinopel. Auf demselben Weg folgte ihm wenig später Graf Robert von der Normandie mit seinen Leuten. Graf Raimund von Toulouse ließ sein Heer von Frankreich aus über Mailand und Triest und dann an der kroatischen Adriaküste entlangmarschieren. Gottfried von Bouillon schließlich wählte den Weg über Köln, Regensburg und Wien, durch Ungarn und über Belgrad und Adrianopel bis nach Konstantinopel.

In Konstantinopel trafen sich alle Heere, überquerten den Bosporus und marschierten durch das Hochland von Anatolien und über das Taurusgebirge nach Süden.

Das Blutbad von Jerusalem

Während ich dies schreibe, sehe ich meine Gefährten vor mir: hohlwangig, die Gesichter bedeckt von wuchernden Bärten, die Stirnen von der Sonne verbrannt, die Leiber abgemagert. Fiebrig und krank die einen, mit tiefen, schlecht verheilten Narben die anderen, alle mit Rüstungen, denen Sonne, Regen, Wind und Dreck allen Glanz geraubt hatten. Ich selbst bot sicher kein anderes Bild.

Aber wir waren voller Zuversicht, mehr noch, voller Siegesgewissheit, und es gab keinen, der nicht voller Inbrunst glaubte: Gott will es! Er hat uns bis hierher geleitet und er wird uns auch dieses letzte Hindernis überwinden lassen.

Musste es nicht wirklich Gottes Wille gewesen sein, dass es den Heeren der Ungläubigen nicht gelungen war, uns zu vernichten, obwohl ihre Krieger gut genährt, kampferfahren und uns an Zahl um ein Vielfaches überlegen gewesen waren?

Eine Woche lang lagerten wir vor der Heiligen Stadt, fasteten und beteten, während die Feinde sich damit begnügten, uns von der Befestigung aus zu beobachten.

Im Morgengrauen des siebten Tages aber kam der Befehl: „Sammeln zum Sturm!" Wir hatten ihn herbeigesehnt. Gott, hilf uns! Wir Ritter sprengten vornweg auf die Mauern zu, hinter uns kamen die Fußtruppen. Speere und Pfeile flogen, mit Schwertern, Äxten und Hämmern schlugen wir auf die Tore ein.

Mancher fiel, erschlagen von schweren Steinen, getötet von siedendem Öl, durchbohrt von einem Pfeil der Verteidiger – nach wenigen Stunden mussten wir unseren Angriff auch schon abbrechen.

Wie hätten wir auch Erfolg haben sollen? Unsere Schwerter schlugen nur Splitter aus den schweren, eisenbeschlagenen Toren, unsere Äxte wurden schartig an den steinernen Mauern. Über uns hörten wir die Feinde lachen, doch wir ließen uns nicht entmutigen, Gott war mit uns.

Am Abend, als wir erschöpft an unseren Feuern ausruhten, kam der Herzog zu uns.

Ihm, so schien es, hatten die Strapazen des Zuges nichts anhaben können, weder Schwäche noch Müdigkeit waren ihm anzumerken.

„Lasst den Feind nur glauben, wir seien schwach", sagte er uns und lächelte dabei auf seine Zuversicht und Einverständnis schaffende Weise. „Je weniger ernst er uns nimmt, umso eher können wir ihn überrumpeln."

Er habe die Kunde bekommen, so berichtete er, dass in den nächsten Tagen in der Hafenstadt Jaffa, nicht weit von hier, Schiffe aus Genua anlegen würden, die uns nicht nur frische Vorräte, sondern vor allem Werkzeuge und Material, wie man es zum Bau von Belagerungsmaschinen brauche, überbringen würden.

Der Herzog deutete auf die Mauern vor uns: „Dann wird ihnen der Spott vergehen."

Wer geglaubt hatte, der Herzog hätte uns nur neuen Mut machen wollen, der wurde eines Besseren belehrt: Nach kaum einer Woche erreichte uns ein langer Zug von Mauleseln, Pferden und Karren, beladen nicht nur mit eingesalzenem Fleisch und Fisch, mit Mehl und getrockneten Früchten, sondern auch mit allem, was unsere Schmiede und Zimmerleute benötigten. Unter ihrer Anleitung packten alle, ohne Ansehen ihres Standes, mit an und langsam wuchsen die Gerüste der Bliden* und der fahrbaren Belagerungstürme in die Höhe.

Stunden um Stunden, Tage um Tage arbeiteten Hunderte in der sengenden Sommerhitze, sägten Balken, fügten sie zu mächtigen Gerüsten zusammen, bauten Plattformen und schützende Dächer. Andere ritten in die Wälder des Jordanlandes, um dort Bäume zu fällen und neues Holz herbeizuschaffen.

Die Heiden, die uns von den Mauerkronen aus beobachteten, unternahmen nichts gegen uns. Sie fühlten sich wohl sicher hinter den mächtigen Befestigungen oder es war der Ruf unseres Kampfesmuts und unserer Entschlossenheit, der sie davon abhielt, einen Ausfall zu versuchen.

Vielleicht aber glaubten sie auch, dass ihnen ein anderer, mächtiger Gegner die Arbeit abnähme: der Durst. Er war schwerer zu ertragen als alles andere. Auch hier hatten unsere Feinde viele Brunnen und Wasserstellen zugeschüttet oder vergiftet, sodass wir täglich mühsam nach einzelnen Quellen suchen mussten. Schließlich schlachteten wir einige unserer kostbaren Reittiere, zogen ihnen die Felle ab und nähten daraus große Säcke. Ein

Trupp Schwerbewaffneter ritt mit ihnen zu weit entfernten Wasserlöchern oder an das Ufer eines Flusses und füllte sie. Nach seiner Rückkehr machte sich sofort ein weiterer auf den Weg. Zwei mühsame Tagesmärsche bedeutete es jedes Mal, auf diese Weise zusätzliches Wasser zu beschaffen, und die Ausbeute war gering, denn trotz aller Anstrengungen gelang es nie, die Säcke ganz dicht zu machen. Auch schmeckte das Wasser faulig und verdorben.

Immer mehr rückte die Sehnsucht nach frischem Wasser in den Mittelpunkt unseres Denkens. Freunde droschen aufeinander ein, weil einer den anderen bezichtigt hatte, die Neige aus seinem Becher geschlürft zu haben. Mancher gab die Beute, die er vor Antiochia gemacht hatte, Stück für Stück hin, um seinen Durst stillen zu können.

Der Durst, die Entbehrungen und der ungestillte Hass auf die Feinde, die in der Stadt unseres Herrn Jesus Christus im Überfluss schwelgten, das alles machte uns reizbar und zornig. Immer größer wurde die Gefahr, dass die vielen kleinen Streitigkeiten dazu führten, dass wir uns selbst zerfleischten.

Doch wieder war es die Gnade unseres Herrn Jesus Christus, die uns vor dem Verderben rettete.

Eines Morgens nämlich, als wir wie jeden Tag an unseren Türmen und Bliden schufteten, verbreitete sich wie ein Lauffeuer die Kunde im Lager, dass einer der Priester, die uns begleiteten, einen wunderbaren Traum gehabt habe.

Ihm sei der Herr Bischof Adhemar von Puy, der in Antiochia einer Seuche erlegen war, erschienen. Strahlend im Licht des Herrn, habe er segnend die Arme ausgebreitet und gerufen: „Hört, was Gott euch befiehlt! Ihr sollt aufhören, euch zu streiten und eure Kräfte zu vergeuden! Ihr sollt drei Tage fasten, und dann barfuß um die Mauern der Heiligen Stadt gehen und beten! Danach sollt ihr die Stadt erstürmen! Dann wird euch Gott den Sieg schenken!"

Mehrmals habe er diesen Traum gehabt und er habe hinter den Worten Adhemars den Willen Gottes gespürt.

Da gewannen wir neuen Mut und fasteten drei Tage lang und danach zogen wir singend und betend in weitem Bogen um die Mauern Jerusalems.

Als sie bemerkten, dass wir barfuß und ohne Waffen gekommen waren, kamen immer mehr Ungläubige auf die Mauern, um uns zu verspotten und zu beschimpfen. Wir merkten genau, dass sie uns verlachten, aber wir störten uns nicht daran, verstanden wir doch ihre Sprache nicht.

Plötzlich aber stießen etliche von uns wütende Schreie aus. Wir schauten auf und an die Stelle unserer inbrünstigen Versenkung traten blanker Hass und der unbändige Wunsch zu töten.

Vor uns, auf den Mauern, hatten die Verfluchten eine große Anzahl Kreuze aufgerichtet. Sie traten nach ihnen, sie bewarfen sie mit Dreck, bespuckten sie und manche hoben gar das Hemd und bepissten sie.

„Tötet sie!", schrien einige von uns. „Tötet sie, Gott will es!", und schon bald trat der Schlachtruf „Tötet sie, Gott will es!" aus tausend Kehlen an die Stelle unserer Gebete.

Am nächsten Morgen griffen wir an.

Schritt für Schritt schoben sich die Belagerungstürme an die Mauern; gegen die zerstörerische Gewalt brennender Pfeile hatten wir sie mit Häuten bespannt. Mit Wasser, das wir uns vom Mund abgespart hatten, wurden sie feucht gehalten.

Auf einem der Türme standen meine Freunde und ich, die Schilde schräg vor dem Leib haltend, um die Pfeile abzuwehren, die auf uns einprasselten.

Rechts von uns stand auf einem weiteren Turm Herzog Gottfried, umgeben von seinen engsten Vertrauten.

Er überragte sie alle um mehr als einen halben Kopf. Für den Kampf hatte er seine Rüstung reinigen und polieren lassen: Silberhell glänzte sie in der Sonne, auf seinem weißen Umhang leuchtete purpurrot das Kreuz.

Nicht weit von uns schleuderte eine Blide große Steine gegen die Mauern, Splitter und Trümmer flogen. Eine andere schleuderte Schalen, gefüllt mit byzantinischem Feuer*, gegen die Feinde. Nichts und niemand vermochte es zu löschen, wen es erfasste, der war unrettbar verloren.

Fast gleichzeitig mit dem des Herzogs erreichte unser Turm die Mauer. Jetzt!

Mit vereinten Kräften warfen wir die Brücke aus zähem Jungholz und Hanfseilen nach vorn auf die Mauerkrone, in Windeseile banden wir sie an der Brüstung des Turmes fest und rissen die Schwerter aus den Scheiden. Hinüber!

Ein Hieb traf mich, ich spürte einen stechenden Schmerz, aber die Klinge glitt von meinem Kettenhemd ab, ich stieß mit dem Schwert in den Leib des Angreifers, zog die Streitaxt aus dem Gürtel, schlug um mich.

Aus den Augenwinkeln sah ich, wie durch Bliden und Rammböcke eine Bresche in die Mauer geschlagen worden war. Wir waren durch!

Vor uns kämpfte sich der Herzog durch die Reihen der Verteidiger, jetzt hatte er einen Niedergang erreicht und stieg, gefolgt von seinen Gefährten, im Laufschritt hinunter. Wir folgten ihm, stießen alles nieder, was sich uns in den Weg stellte, rannten die Treppen hinunter – und standen in der Stadt.

Durch die Bresche drangen immer mehr christliche Kämpfer.

Mit ohrenbetäubendem Geschrei stürmten sie vorwärts: Gott, hilf! Gott, hilf!

Ich hielt nach dem Herzog Ausschau, aber ich entdeckte ihn nicht mehr. „Weiter, Acelin, Gilbert! Lasst uns die Verfluchten töten, die das heilige Kreuz geschändet haben!"

Die Verteidiger waren uns nicht gewachsen. Ihre Waffen konnten gegen die schwere Panzerung der Ritter nichts ausrichten, unsere Waffen dagegen waren stärker als ihre Schutzpanzer. Überall lagen Tote. Schwerverletzte, die aus klaffenden Wunden bluteten, krochen über den Boden, um den stampfenden Stiefeln der Angreifer und ihren erbarmungslosen Hieben zu entgehen. Ihr Stöhnen und ihre Schmerzensschreie mischten sich mit unserem Gebrüll, mit dem Klirren der Waffen und dem

Stampfen der eisenbeschlagenen Stiefel zu einem Lärm, der uns bis ins Mark drang und uns noch wilder machte.

Ein paar von uns hatten sich zu den Toren vorgekämpft und sie geöffnet – wie eine Wasserflut brandeten die Eroberer in die Stadt. Nun gab es kein Halten mehr und keine Gnade für die Leugner Gottes!

Gilbert und sein Knappe, Acelin und ich kämpften uns inmitten der anderen durch die Reihen der Verteidiger. Wir waren alle verwundet, aber wir achteten nicht auf die Schmerzen, sondern schlugen im Rausch mit Schwert und Axt weiter auf die Feinde ein und brüllten unser heiseres „Gott, hilf!".

Längst hatten wir die Orientierung verloren im Gewirr der Straßen und Gassen. Wir stürmten nur noch vorwärts, ein Dutzend Ritter mit ihren Knappen, und töteten.

Eine Gruppe von Ungläubigen, besser gerüstet als die meisten ihrer Kameraden und bewaffnet mit kurzen Speeren, wehrte sich mit dem Mut der Verzweiflung. Wir drängten sie Schritt um Schritt zurück. Ihr kommt nicht davon, Schänder des Kreuzes! Endlich hatten wir sie in eine schmale Gasse getrieben, abseits vom Getümmel der Schlacht, an deren Ende sich ein Tempel befand. Ja, vor dem Haus eures falschen Gottes wollen wir euch erschlagen!

Ungestüm drangen wir auf sie ein, hackten, schlugen, stachen und hieben. Einer nach dem anderen fiel, bis die Überlebenden sich umdrehten und davonrannten. „Ihr kommt nicht davon!", schrie Gilbert und lief ihnen nach, wir anderen hinterher. Da blieb einer stehen, als ob er sich seiner Flucht schämte, wandte sich um, hob den Speer, wartete, bis Gilbert heran war, und stieß zu. Tief drang die tödliche Spitze in seinen Hals. Mit dem sprudelnden Blut wich das Leben aus ihm, er stürzte zu Boden und starb.

Sein Mörder war tot, ehe er noch einen Siegesschrei ausstoßen konnte. Die anderen hatten wir erreicht und niedergemacht, als sie versuchten, das Tor der Moschee zu öffnen.

Keuchend vor Anstrengung standen wir vor dem Tempel der Ungläubigen, die Schwerter gesenkt. Einen Augenblick zögerten wir.

Dann schrie einer: „Sie haben unsere Kirchen entweiht und geschändet, sie haben das Kreuz bespuckt und bepisst, sollen wir vor ihren heidnischen Tempeln haltmachen?"

Keiner antwortete, stattdessen schlugen unsere Schwerter und Streitäxte auf das Tor ein. In zarten Farben waren Blumen und Ranken daraufgemalt, die unsere Hiebe wie ein Hagelsturm zerstörten.

Nicht lang hielt das Tor unseren Schlägen stand, dann sprang es auf. Ein paar alte Männer in weißen Gewändern stellten sich uns entgegen, die Arme bittend erhoben. Habt ihr Gnade gekannt, als ihr unsere Brüder und Schwestern gefoltert und ermordet habt?

Wir töteten sie schnell, ihr Blut leuchtete rot auf ihren weißen Kleidern, genauso leuchtete das Kreuz auf dem Umhang meines Herrn Gottfried. Gott will es!

Wir drangen weiter in den Tempel vor. An den Wänden, eng aneinandergepresst, hockten Frauen, die Arme um ihre Kinder geschlungen, und starrten uns an.

„Tötet ihre Weiber und ihre Brut, nur so könnt ihr sie für immer besiegen!" Irgendjemand schrie es mit hallender Stimme in den weiten Raum. War es ein anderer? War ich es? Ich weiß es nicht mehr. Das Töten ging weiter, Jammern, Schreien und Schluchzen klangen uns entgegen, aber wir kannten kein Erbarmen.

Vor mir kauerte eine Frau, die ein Kind an sich gepresst hielt. Sie schrie, als ich auf sie zustürmte und sie erstach. Im Sterben drehte sie sich so, dass ihr Leib den des Kindes deckte, als wollte sie es auch jetzt noch schützen.

Mit dem Stiefel stieß ich sie zurück. Das Kind, es mochte vier oder fünf Jahre alt sein, sah mich mit großen Augen an. „Was tust du?", fragten diese Augen.

Ja, was tat ich? Konnte dieses Kind schon Gott gekränkt und gelästert haben?

Doch der Drang zu töten in mir war wie ein Pfeil, der von der Sehne geschnellt ist und den man nicht zurückholen kann. Meine Hand war schneller und stärker als meine Zweifel. Ich stach zu und der kleine Körper sank leblos über die tote Mutter.

Im gleichen Augenblick packte mich das Entsetzen. Ich warf Schwert und Streitaxt fort, sank in die Knie und barg das Gesicht in den Händen.

Gleich darauf spürte ich zwei Hände auf meinen Schultern und hörte Acelins besorgte Stimme: „Was ist mit Euch, Herr? Seid Ihr verwundet?"

Müde schüttelte ich den Kopf. „Nein, mir fehlt nichts. Lass uns gehen."

Wie betäubt ging ich durch die Straßen Jerusalems, hörte, wie unsere Leute jubelten und Gott priesen, der uns so einen herrlichen Sieg geschenkt hatte. Hunderte, nein, Tausende von Toten wurden zusammengetragen und vor die Tore der Stadt geschafft, wo sie anderntags verbrannt werden sollten.

Dann eilten alle Ritter, Knappen und Kämpfer vor die Kirche zu den Leiden und der Auferstehung des Herrn und sangen und dankten Gott unter Tränen. Ich stand mitten unter ihnen, aber mein Herz war nicht von Jubel und Dankbarkeit erfüllt. Denn unablässig sah ich die Augen des Kindes vor mir, die dunklen, fragenden Augen, und meine Schuld lastete unerträglich schwer auf mir.

Ein paar Tage später wählten die Kreuzritter meinen Herrn Gottfried von Bouillon zum Herrscher von Jerusalem. Er nannte sich fortan „Beschützer des Heiligen Grabes unseres Herrn Jesus Christus".

Ich bin am Ende meines Berichts angelangt. Unser Sieg war vollkommen und die Beute, die die Überlebenden unter sich aufteilten, war unermesslich. Aber was nützen die Freuden, die man sich für Gold und Silber kaufen kann, gegen die Qualen des Gewissens?

Meinem Herrn Gottfried, Gott möge seiner Seele gnädig sein, war es nicht vergönnt, Jerusalem in eine glücklichere Zukunft zu führen: Er starb kaum ein Jahr, nachdem wir die Mauern erstürmt hatten. Hatte er gewusst, dass er nie mehr in die Heimat zurückkehren würde, und deshalb all sein Hab und Gut verkauft? Nach seinem Tod glaubte ich, mein Gelübde nunmehr erfüllt zu haben, und machte mich mit etlichen Gefährten auf die Rückreise. Mein treuer Knappe und Freund Acelin starb unterwegs an einer heimtückischen Seuche. Möge Gott auch ihm seine Sünden vergeben.

Als ich, fast fünf Jahre, nachdem ich von dort aufgebrochen war, nach Authier zurückkehrte, war ich von der Last meines Gewissens noch immer so beschwert, dass ich das Leben als Herr von Authier nicht mehr führen mochte. Meine Schwestern hatten inzwischen geheiratet; ich gab ihnen einen Teil dessen, was ich erbeutet hatte, als zusätzliche Mitgift. Den Rest überließ ich dem Kloster St. Hubert dafür, dass es mich aufnahm und mir Raum und Zeit ließ, meine Sünden zu büßen und die Last meines Gewissens durch Gebet und Kontemplation* zu mindern. Nur den Silberbecher, den Marguerite, die Nichte meines Herrn Gottfried, mir einst geschenkt hatte, habe ich behalten. Er hat mich begleitet durch all die Jahre der Entbehrungen und erinnert mich an eine Zeit, in der mein Leben fast eine andere Wendung genommen hätte, wenn es Gott zugelassen hätte.

Ich bin den Weg gegangen, den ER mir gewiesen hat, aber ich habe dabei viel Schuld auf mich geladen.

Möge auf der Waage des Jüngsten Gerichts nicht die Last meiner Verfehlungen schwerer wiegen als die meiner guten Werke, damit meine Seele nicht der ewigen Verdammnis anheimfällt. Amen.

Der Kampf um das Heilige Land

Die Bedeutung Jerusalems

Die Eroberung Jerusalems war der dramatische Höhepunkt des ersten Kreuzzugs, nicht nur, weil die Kreuzfahrer dort so ein schreckliches Massaker anrichteten, sondern auch, weil die Stadt Jerusalem für alle drei „Buchreligionen", also die, die ihren Glauben auf eine ihnen heilige Schrift gründen, von besonderer Bedeutung war und bis heute ist.

Für das Judentum, die älteste Religion, ist Jerusalem das Zentrum des religiösen und geistigen Lebens, seit König David von dort aus die beiden Reiche Juda und Israel regierte (ca. 1.000 v. Chr.). Für das Christentum ist Jerusalem eine heilige Stadt, seitdem der römische Kaiser Konstantin über dem Grab Christi eine Kirche errichten und seine Mutter Helena die Kreuzigungsstätte freilegen ließ, wobei angeblich das Kreuz Christi gefunden wurde (4. Jahrhundert). Die Moslems verehren die Stadt als drittheiligste (nach Mekka und Medina), weil Mohammed der Legende nach auf seinem Pferd durch die Lüfte von Mekka nach Jerusalem gereist sein und dort mit Abraham, Moses, Salomo und Jesus zusammen gebetet haben soll; an diesem Ort wurde später der Felsendom errichtet (7. Jahrhundert). Bis heute hängt der Friede im Nahen Osten entscheidend mit davon ab, ob die drei Religionen bereit sind, einander in Jerusalem als gleichberechtigt zu achten.

Die weiteren Kreuzzüge

Nach der Erstürmung Jerusalems und weiterer Gebiete in
Palästina errichteten die Kreuzfahrer dort mehrere Fürs-
tentümer, deren Existenz aber immer wieder von muslimischen Feldzügen bedroht wurde. Deshalb brachen christliche Ritterheere noch mehrmals ins Heilige Land auf, ohne
den militärischen Erfolg des ersten Kreuzzugs wiederholen
zu können. Der zweite Kreuzzug (1147–1149) musste nach

**Die Eroberung Jerusalems 1099; Buchmalerei aus dem
13. Jahrhundert.**

erheblichen Verlusten abgebrochen werden. 1187 eroberte der Sultan von Syrien und Ägypten, Saladin, Jerusalem und große Teile der Kreuzfahrergebiete zurück. Deshalb kam es 1189–1192 zu einem dritten Kreuzzug, auf dem die Christen ihrerseits einige Teile zurückeroberten.

Der vierte Kreuzzug 1202–1204, der eigentlich gegen Ägypten gerichtet war, endete mit der Eroberung und Verwüstung Konstantinopels, also eines christlichen Reichs: Längst ging es nicht mehr nur um Glaubensfragen, sondern auch um wirtschaftliche Interessen – und um das Beutemachen! Auf dem fünften Kreuzzug konnte dessen Führer, Kaiser Friedrich II., der ein geschickter Diplomat war, einen kurzfristigen Erfolg verbuchen: Durch Verhandlungen gelang es ihm, mit dem Sultan von Ägypten Frieden zu schließen; anschließend krönte er sich selbst zum König von Jerusalem. Doch auch die letzten beiden Kreuzzüge, die 1249–1254 und 1270 unter der Führung des französischen Königs Ludwig IX. durchgeführt wurden, konnten nicht verhindern, dass die Herrschaft der Christen im Heiligen Land nur von kurzer Dauer war: 1291 eroberten die Muslime das letzte christliche Fürstentum zurück.

Die Ritterorden: Kämpfer im Namen Gottes

Wahrscheinlich wären die christlichen Eroberungen schon viel eher wieder zurück an die Muslime gefallen, wenn es nicht während der Zeit der Kreuzzüge zur Gründung von Ritterorden gekommen wäre. Die wichtigsten waren die Johanniter (benannt nach dem heiligen Johannes), die

Templer (benannt nach dem Tempel Salomos) und die Ritter des Deutschen Ordens. Die Mitglieder dieser Orden verstanden sich als Mönchskrieger, also Ritter, die besonders ausdauernd und tapfer kämpfen und dabei in Keuschheit und Armut leben sollten. Sie widmeten sich besonders der Betreuung von Pilgern und der Verteidigung der Kreuzfahrerstaaten. Noch heute legen mächtige Festungen von ihrer einstigen Stärke Zeugnis ab. Als karitative* Orden bestehen sie teilweise bis heute.

Die Folgen der Kreuzzüge

Die Völker des Orients hatten vom Abendland nie eine besonders hohe Meinung. Dessen Bewohner galten ihnen als unzivilisiert und rückständig, die christliche Religion als primitiv und moralisch minderwertig. In diesem Urteil wurden sie durch das Vorgehen der Kreuzfahrer noch bestärkt. Gleichzeitig aber hatte sich gezeigt, dass die militärischen Fähigkeiten und der Mut der verachteten Abendländer nicht zu unterschätzen waren. Sie galten jetzt als gefährlicher Feind, gegen den man sich mit allen Mitteln wehren musste. Die Idee des „Heiligen Kriegs", des *gihads,* gewann immer mehr Anhänger. Erst waren es nur die christlichen Eroberer, die man zu bekämpfen hatte, später alle Christen, auch die, die im Orient zu Hause waren, und schließlich alle, die von der reinen Lehre Mohammeds abwichen. Letzten Endes führten die Kreuzzüge deshalb dazu, dass der eigentlich weltoffene und geistig vielfältige Islam zunehmend intoleranter und engstirniger wurde.

Für das Abendland dagegen brachten die Kreuzzüge langfristig eher Vorteile: Das umfangreiche Wissen des Orients (z. B. in Medizin und den Naturwissenschaften) gelangte nun in den Westen und erweiterte dort den geistigen Horizont enorm. Auch brachten die Kreuzfahrer viele Produkte und Lebensgewohnheiten mit, die den Alltag veränderten. Schließlich bauten abendländische Kaufleute nun auch Handelsbeziehungen mit den Ländern des Orients auf, von denen die Wirtschaft profitierte.

Das grauenhafte Blutbad jedoch, das die Kreuzfahrer in Jerusalem anrichteten, hinterließ tiefe Wunden und ist bis heute mitverantwortlich für den Hass, den manche Muslime für den Westen empfinden.

Ein christlicher Mönch und ein muslimer Araber beim Schachspiel, das aus dem Orient eingeführt wurde; Darstellung aus dem 13. Jahrhundert

Glossar

Arnikasalbe	*altes Heilmittel zur Wundbehandlung aus den Blüten und Wurzeln des Bergwohlverleih*
Benediktiner	*Angehöriger des Mönchsordens, den Benedikt von Nursia um 529 in Montecassino gründete*
Blide	*mittelalterliche Wurfmaschine, mit der schwere Steine über weite Entfernungen geschleudert werden konnten*
byzantinisches Feuer	*Mischung aus Erdöl, Kalk, Harz, Salz und Schwefel, mit der man ein verheerendes, kaum zu löschendes Feuer erzeugen konnte*
Chrodegang	*heiliggesprochener Bischof von Metz (Lothringen) im 8. Jahrhundert*
Domherr	*Geistlicher an einer Bischofskirche*
Fehde	*Selbsthilfe gegen erlittenes Unrecht, die häufig zu lang andauernden Feindseligkeiten zwischen Familien führte*
Fibel	*Spange, Brosche, die als Gewandverschluss diente*
Friedetage	*Tage, an denen ein allgemeiner Waffenstillstand herrschte*
Frondienst	*Dienst, den der Bauer seinem Herrn leisten musste, z. B. im Wegebau oder bei der Ernte*
Fronhof	*Gutshof, den ein Adliger für sich selbst bewirtschaftete; seine Bauern mussten ihm dabei Frondienst leisten*
Geißel	*eine Art Peitsche, im übertragenen Sinn Pein, Heimsuchung*
Goldenes Horn	*Bucht, in der der Hafen von Konstantinopel (Istanbul) liegt*
Halskollier	*Metallgeflecht zum Schutz des Halses vor Hieb- und Stichwaffen*

Hintersasse	*abhängiger, unfreier Bauer, der über sein Land nicht selbst frei verfügen kann*
Hochfreier	*Angehöriger des höheren Adels (z. B. Graf)*
Hoftag	*Versammlung, die ein hoher Adliger einberief, zu der alle seine Lehensleute erscheinen mussten*
Hufenbauer	*Bauer, der von einem Ritter oder einem Kloster eine Hufe erhielt, also einen Hof und so viel Land, wie eine Familie zum Leben ungefähr benötigte*
Investiturstreit	*lang währende Auseinandersetzung zwischen den Päpsten und den deutschen Königen, die auch römische Kaiser waren, darüber, wer die Bischöfe und Äbte ernennen durfte bzw. wer dem anderen übergeordnet war*
karitativ	*wohltätig, der Nächstenliebe verpflichtet*
Kontemplation	*Versenkung in Gott durch intensives Gebet*
Lehen	*Land, das von einem höhergestellten Adligen (z. B. König) an einen niedrigergestellten (z. B. Graf) verliehen wurde und auch vererbbar war; die Gegenleistung bestand in Gefolgschaft und Kriegsdienst.*
Lehnsherr	*Adliger, der an niedrigere Adlige Land verlieh*
Lehnsmann	*Adliger, der von einem höheren Adligen Land geliehen bekam und dafür zur Treue und zum Kriegsdienst verpflichtet war*
Leumund	*Ruf eines Menschen in der Öffentlichkeit*
Marodeur	*Plünderer*
Nießbrauch	*Nutzungsrecht*
Novizin	*junge Nonne, die noch kein ewiges Gelübde abgelegt hat*
Ochsenfiesel	*Schlagstock aus dem gegerbten Penis des Ochsen*
Page	*junger Adliger in der Ausbildung, bevor er mit ca. 14 Jahren Knappe wurde, etwa ab dem achten Lebensjahr*
Palas	*Wohngebäude einer Burganlage, in dem sich auch der große Saal befand*

Parierstange	*Querstange des Schwerts, mit der Hiebe abgewehrt werden konnten*
Reliquie	*Überrest aus Gebeinen, Asche, Kleidern oder sonstigem Besitz religiöser Personen; Reliquien wurden sozusagen anstelle der Heiligen selbst verehrt.*
Sarazenen	*im mittelalterlichen Abendland gebräuchlicher Sammelbegriff für alle Muslime*
Schriften der Väter	*Werke einer Reihe christlich-theologischer Schriftsteller des 2. bis 7. Jahrhunderts, die sich durch besondere Gelehrsamkeit und Frömmigkeit ausgezeichnet hatten*
Schuppenpanzer	*Gewand aus starkem Leder mit aufgenähten Metallplättchen*
Schwertleite	*feierliches Ereignis, bei dem ein junger Mann zum Ritter erhoben wurde, indem ihm sein Herr den Gürtel mit dem Schwert umlegte*
Seldschuken	*türkischer Stamm, benannt nach seinem ersten Herrscher Seldschük, der im 11. Jahrhundert Iran, Irak, Syrien und Teile des Byzantinischen Reichs eroberte; ab ca. 1000 Bekenntnis des Stammes zum Islam*
Synode	*vom Papst oder von einem hohen Geistlichen (Erzbischof, Bischof) einberufene Versammlung zur Erörterung kirchenpolitischer Fragen*
Tjost	*ritterlicher Zweikampf zu Pferd*
Tross	*Begleitmannschaft, Fahrzeuge und Gerät eines Heeres*
Trumete	*mittelalterliches Blasinstrument, ähnlich einer Trompete*
Wallach	*kastrierter Hengst*
Zisterne	*(Regen-)Wasserspeicher*
Zunder	*mit den Funken des Feuersteins leicht entflammbarer Trockenpilz, diente zum Feuermachen*

Zeittafel

570–632 Mohammed, der Begründer des Islam

634–640 Die Araber erobern Teile Syriens und Palästina, die bis dahin zum christlichen Byzanz gehörten.

732 Die arabische Ausbreitung nach Norden wird durch ihre Niederlage gegen die Franken bei Tours und Poitiers gestoppt.

639–642 Die Araber erobern das byzantinische Ägypten.

674–678, 717, 782 Die Araber belagern Byzanz (Konstantinopel).

AB 711 Die Araber erobern Spanien.

750–1250 Die Kalifen der Abbasiden herrschen über die Araber in Bagdad.

945–976 Die Byzantiner erobern ihren Besitz in Syrien zurück.

UM 1000 Die Seldschuken treten zum Islam über.

AB 1000 Die Seldschuken beginnen ihren Eroberungszug nach Westen.

1095 Papst Urban II. ruft in Clermont zum Kreuzzug auf (27. November).

1096 Peter von Amiens predigt in Nordfrankreich und Lothringen mit großem Widerhall gegen die „Heiden" und für die Befreiung Palästinas (ab Februar).

1071 Das byzantinische Heer wird von den Seldschuken bei Manzikert besiegt.

1095 Der Kaiser von Byzanz bittet den Papst um Unterstützung gegen die Seldschuken.

1096 Die ersten Scharen des „Volkskreuzzugs" („Lumpenkreuzzugs") brechen auf (April).

1096 Die raubenden und plündernden Banden des „Volkskreuzzugs" werden von den Seldschuken niedergemacht (Oktober).

1098 Eroberung Antiochias, Begründung des Fürstentums Antiochia

1096 Die Ritterheere brechen auf (ab August) und sammeln sich in Konstantinopel.

1099 Belagerung Jerusalems (7. Juni)

1099 Erstürmung Jerusalems (15. Juli)

1097 Belagerung Nikaias (Mai – Juni)

1099 Gottfried von Bouillon wird „Hüter des Heiligen Grabes".

1097 Belagerung Antiochias (ab 21. Oktober)

1100 Tod Gottfrieds von Bouillon; Graf Balduin von Boulogne wird zum König von Jerusalem gekrönt.

1120 Gründung
des Templerordens

1228–1229 Kreuzzug
Kaiser Friedrichs II.,
Einigung mit Sultan
al-Kamil

1147–1149
2. Kreuzzug

1229 Friedrich II.
krönt sich in der
Grabeskirche zum
König von Jerusalem.

1188–1192
3. Kreuzzug

1202–1204
4. Kreuzzug

1249–1250 Kreuzzug
Ludwigs IX.
(„des Heiligen") von
Frankreich

1204 Die Kreuzfahrer
plündern Konstantinopel.

1291 Mit Akkon fällt
die letzte Festung der
Kreuzfahrer.

Inhalt – erzählende Kapitel

Inhalt – Sachkapitel

FSC

Mix
Produktgruppe aus vorbildlich
bewirtschafteten Wäldern,
kontrollierten Herkünften und
Recyclingholz oder -fasern

Zert.-Nr. SGS-COC-003210
www.fsc.org
© 1996 Forest Stewardship Council

Impressum

1. Auflage 2010
© Arena Verlag GmbH, Würzburg 2010
Alle Rechte vorbehalten
Coverillustration: Joachim Knappe
Innenillustration: Klaus Puth
Abbildungen: akg-images S. 23, 49, 51, 69; akg-images/Bildarchiv Steffens
S. 57; akg-images/British Library S. 82, 94, 137; akg-images/Erich Lessing
S. 140; bpk S. 25; gemeinfrei S. 9
Satz: Claudia Böhme nach einer Gestaltung und Typographie von knaus.
büro für konzeptionelle und visuelle identitäten, Würzburg
Gesamtherstellung: Westermann Druck Zwickau GmbH
ISBN 978-3-401-06276-1

www.arena-verlag.de

ARENA BIBLIOTHEK DES WISSENS
Lebendige Geschichte

978-3-401-06500-7

978-3-401-06466-6

978-3-401-06064-4

Eine Auswahl weiterer lieferbarer Titel in der Reihe „Lebendige Geschichte":

Harald Parigger
Caesar und die Fäden der Macht
Auch als Hörbuch bei Arena Audio
ISBN 978-3-401-05979-2

Harald Parigger
Fugger und der Duft des Goldes
Die Entstehung des Kapitalismus
ISBN 978-3-401-05992-1

Maria Regina Kaiser
**Karl der Große und der Feldzug
der Weisheit**
ISBN 978-3-401-06065-1

Martin Zimmermann (Hrsg.)
Weltgeschichte in Geschichten
ISBN 978-3-401-06216-7

Harald Parigger
**Barbara Schwarz und
das Feuer der Willkür** – Ein Fall aus
der Geschichte der Hexenverfolgungen
Auch als Hörbuch bei Arena Audio
ISBN 978-3-401-06124-5

Harald Parigger
**Sebastian und der Wettlauf mit
dem Schwarzen Tod**
Die Pest überfällt Europa
ISBN 978-3-401-05583-1

Arena

Jeder Band:
Klappenbroschur.
www.arena-verlag.de

ARENA BIBLIOTHEK DES WISSENS
Lebendige Biographien

Auch als Hörbuch bei Arena Audio

978-3-401-06218-1

Auch als Hörbuch bei Arena Audio

978-3-401-06398-0

978-3-401-06394-2

Eine Auswahl weiterer lieferbarer Titel in der Reihe „Lebendige Biographien":

Jeder Band:
Klappenbroschur.
www.arena-verlag.de